LEONIE OSSOWSKI

£2-50

BLUMEN
FÜR MAGRITTE

Erzählungen

WILHELM HEYNE VERLAG

MÜNCHEN

HEYNE ALLGEMEINE REIHE
Nr. 01/8183

ISBN 3-453-04586-6

C040322040

Blumen für Magritte

Wer ist das, will Wendelin wissen, wirft Luciano die Frage leise hin, wartet auf Antwort und hängt seinen Blick zum dritten Mal an die Frau in der Tür.

Schlank, schwarz- und langhaarig steht sie da, unbewegt und schön. Wendelin kann nicht anders, er muß sie grüßen.

Wen meinst du? Luciano folgt seinem Blick. Wen?

Die Schöne ist verschwunden, weg von der Tür, an keinem Tisch, nicht im Restaurant, nirgendwo.

Nele legt ihre Hand auf Wendelins Arm und lächelt: Ich sehe es dir an, wenn du eine Frau grüßt.

Wendelin tippt an seinen Mundwinkel. Gehorsam tupft Nele ihr Kinn ab, dreht sich zum Ausgang, sieht weder eine Frau noch einen Mann, fragt: Wo?

Links, sagt Wendelin. Nele wischt mit den Fingerkuppen die Winkel ihres geschminkten Mundes aus, läßt nur ein Lächeln stehen. Unruhe macht sich in ihr breit, nimmt ihr den Appetit, obwohl Luciano über den Köpfen seiner Gäste Langusten zur Schau stellt. Graufeucht, mit gekrümmten Schwänzen, stecken sie im Griff seiner Hand. Ihre Beine rudern. Gelächter, denn das sind fette Burschen, die gleich in den Kochtopf wandern werden.

Nele hat noch nie in ihrem Leben Langusten gegessen, noch nie ein Tier so kurz vor Tod und Verzehr berührt.

Ist jetzt nicht Schonzeit?

Luciano hebt die Schultern, die Fühler der Tiere tasten durch Tabakrauch und streifen Neles Haare.

Was wollt ihr, lacht Luciano fröhlich, das sind Männchen, die haben ihre Liebe schon gemacht!

Die Langusten plumpsen ins kochende Wasser, färben sich rot und haben jetzt zwanzig Minuten zu garen.

Waren Sie schon öfter auf Elba, fragt rechts neben Nele Herr Janke.

Nein!

Herr Janke erzählt, daß er sich mit dem Gedanken trägt, zwei Grundstücke auf der Insel zu erwerben, auch wenn das ein ganz schöner Schluck aus der Pulle sei. Herr Janke, aus dessen Verhalten nicht zu schließen ist, ob er sich mit Nele oder Doktor Gutsche aus Frankfurt unterhält, schwört Stein und Bein, daß Wendelin ein äußerst zuverlässiger Makler sei. Doktor Gutsche aus Frankfurt stimmt zu. Nele ist aus dem Gespräch und wirft schnell einen Blick zur Tür, durch die niemand kommt.

Wendelin?

Ja!

Wendelin, flüstert Nele mit Zärtlichkeit, meinst du, für uns fällt auch Land ab?

Wendelin meint das, hat das längst ausgerechnet, ist an die drei Dutzend Mal auf Elba gewesen, hat erst im Westen der Insel Grundstücke aufgekauft, später etwas in den Bergen, und jetzt wird das große Geschäft in Fonza gemacht. Vierzigtausend Quadratmeter an der Südküste. Wendelin kennt seine Kunden: Herrn Janke aus Darmstadt, Herrn Doktor Gutsche aus Frankfurt, das Ehepaar Hedinger, ebenfalls aus Frankfurt, den

Hotelier aus Baden-Baden und David, den Filmschauspieler. Sie alle wollen ihr Geld anlegen. Grundstücke, Ferienhäuser, Bungalows rund um die Insel. Der Westen ist bebaut, im Osten geht's weiter. Haus neben Haus. Eine schöne Sache, die den Elbanern Geld bringt. Wendelin lenkt das Gespräch auf die für den nächsten Morgen geplante Besichtigung am Südhang des Monte Fonza.

Wendelin sorgt für Stimmung und macht das Geld von Herrn Janke aus Darmstadt locker.

Die Langusten kochen im Sud. Nele ist glücklich, liebt ihren Mann, träumt mit offenen Augen und offenem Mund.

Wendelin beschreibt den Hang östlich von Campo und westlich von Lacona. Rote Erde, gelbe Steine, blaues Meer, Stille, die höchstens Nachtigallen zerschlagen, Weite bis zum lieben Gott.

Frau Hedinger aus Frankfurt bekommt feuchte Augen. So ein Fleckchen Erde hat sie sich schon immer gewünscht. Herr Hedinger hingegen sieht auf dem Fleckchen Erde eher sein Kapital wachsen und geht mit dem Baden-Badener Hotelier ins Detail.

Da, mitten im Wort, zieht es Wendelin abermals den Blick zur Tür. Sein Mund klappt zu, überläßt den angefangenen Satz jedem zum eigenen Gebrauch.

Schwarze Rosen statt Augen. Die Schöne ist wieder da, steht im Licht der kupfernen Lampen und wirft auf die weißgekalkte Wand den Schatten eines aufrechtstehenden Fisches.

Wieso Fisch?

Und dann von der Größe?

Wendelin steckt ein Stück Weißbrot in den Mund hinter den halbfertigen Satz, schluckt, ohne viel zu kauen.

Unbewegt steht die Schöne, im Rücken den Fisch. Wendelin bittet Lucianos Frau, die Lampen auszuschalten und Kerzen hinzustellen. David, der Filmschauspieler, findet das schön.

Bleiben die schwarzen Rosen, die es zu pflücken gilt.

Wendelin steht auf, will den Dingen unbeirrt auf den Grund gehen.

Nele hält sich an der Tischkante fest und beobachtet Wendelin, wie der sich auf die weiße Wand zubewegt, ins gekalkte Gemäuer starrt und zur Tür.

War da jemand?

Nele sitzt in der falschen Richtung.

In Capoliveri kennt Wendelin viele Leute.

Luciano winkt lachend vom Kochtopf her Wendelin zu. Luciano kennt noch mehr Leute. Er ist von hier und ist Wendelins Freund.

Die Langusten brauchen nur noch Minuten.

Herr Gutsche läßt die Katze aus dem Sack. Er kann nämlich, wenn er will, die volle Summe auf den Tisch legen.

Lucianos Frau nimmt das benutzte Geschirr weg, stellt sauberes hin. An Wendelin vorbei lächelt sie Nele zu.

Gleich ist es soweit!

Die Schöne, schwarze Rosen statt Augen, hält ihren Blick auf Wendelin, weit geöffnet, voller Duft.

Die Schöne, das weiß Wendelin, wird ihm noch Schwierigkeiten bereiten. Sie wird ihm die Sinne rauben, und davor hat er sich Zeit seines Lebens gefürchtet.

Warum steht Nele nicht auf, zieht ihn zurück zum Tisch, zu Herrn Gutsche und Herrn Janke, zu David und den Plänen des Ehepaars Hedinger, mit dessen Geld Wendelin sein Geschäft machen will und natürlich auch Neles Glück.

Aber Nele steht nicht auf, sitzt abgewandt vor den leeren Tellern, hält sich an der Tischkante und läßt ihn im Stich. Er muß aufpassen, daß er nicht plötzlich die Aufmerksamkeit seiner Kunden verliert.

Nein – die Schöne darf ihn keineswegs einwickeln. Wendelin streicht sein Haar glatt, hebt das Kinn, lächelt und zeigt männliche Neugierde, die ihm gut steht.

Die Schöne steigt aus ihrer Reglosigkeit. Sie pflückt die Rosen aus ihrem Gesicht und hält sie Wendelin hin.

Er erschrickt, weiß nicht, wo er so schnell hinsehen soll. Die blicklosen Augäpfel in ihrem Gesicht machen ihn unsicher. Das hatte er nicht erwartet. Höflich lehnt er ab.

Die Schöne schlüpft in den Schattenfisch und ist vom Erdboden verschwunden. Wendelin kommt sich dumm vor.

He, ruft Luciano, seht euch das an! Er trägt auf porzellanenen Platten die Langusten zum Tisch. Blutrot gekocht machen sie den Damen und Herren aus Frankfurt, Baden-Baden und Darmstadt Appetit.

Wendelin setzt sich, fängt Neles Blick auf, behält ihn für sich. Alle Aufmerksamkeit gehört jetzt Luciano. Willig rückt man zur Seite, damit der Meister Platz hat.

Seine Frau sieht zu, hat schon Hunderte von Malen

zugesehen, kennt jeden Griff, jede Führung des Be-
stecks. Krachend fährt das Messer ins Schalentier,
halbiert es und schneidet den Schwanz in Scheiben.
Luciano serviert die Soßen. Knoblauch, Beurre Blanc
und Kräuter, die selbst der Hotelier aus Baden-Baden
nicht kennt. Frau Hedinger hingegen nimmt nur Zi-
trone, will weiter nichts als schlank bleiben.

Luciano sieht gleich, wer ein Kenner ist und wer nicht.
Sein Lachen dröhnt, und sein Bart tanzt auf der Ober-
lippe. Fröhlich zwinkert er Wendelin zu. Das Geschäft
läuft. Salute! Wendelin hebt das Glas. Salute!

Das Reden hört auf, wird vom Kauen und Schlucken
abgelöst. Es zutscht unverhofft zwischen Herrn Jankes
Zähnen. Herr Doktor Gutsche – wer hätte das gedacht
– nimmt sich klammheimlich ein zweites Mal. Das
bringt erst richtig Stimmung, obwohl sich Herr Gutsche geniert. Nur Nele bleibt ernst, es schmeckt ihr
nicht. Sie weiß auch nicht an das Beinfleisch heranzu-
kommen, blickt nach rechts und links und saugt und
zieht, bis sie das rostrote Stengelchen Fleisch heraus
hat.

Luciano nimmt neben ihr Platz, schält ihr die Fühler
aus der Schale. Das ist eine Delikatesse. Nele ißt brav,
läßt sich von Luciano füttern, der jetzt einen der Lan-
gustenköpfe in der Hand hält. Das, sagt er, das ist das
Beste. Er fährt mit dem Löffel ins Gehäuse, kratzt
darin herum, holt eine rötlichbraune Masse heraus und
schiebt sie Nele in den staunenden Mund. Langusten-
hirn. Nele steht auf, wankt zum Abort und übergibt
das teure Schalentier der Kloschüssel.

Zum zweiten Mal räumt Lucianos Frau abgegessenes

Geschirr weg. Sie lächelt und schüttelt eine Menge blonder Locken aus dem Gesicht. Sie stammt aus Hamburg und ist auf Elba zu Hause.

Luciano stellt eine Flasche Grappa auf den Tisch. Alle trinken auf seine Kosten und auf sein Wohl.

David wird von Minute zu Minute aufgeschlossener und erzählt von seiner Mutter, was niemand erwartet hat.

Nur Wendelin ist still.

Am nächsten Tag fällt die Sonne in den wolkenlosen Morgen, bringt in alle Winkel Licht und fördert Wendelins Geschäft am Monte Fonza.

Man steht oben am Hang und sieht hinab auf die vierzigtausend verkäuflichen Quadratmeter – bis hinunter zum Meer.

Zwischen der Macchia schlüpfen kükengelb erste Ginsterblüten. Ihr Geruch mischt sich in die Brise des Meeres.

Herrlich, jubelt Frau Hedinger und sagt, daß sie hier ohne Zögern alt werden könnte. Der Hotelier sieht sofort einen terrassenförmigen Baukörper mit ineinanderfließenden Raumabschnitten vor sich: Ferien – Gemütlichkeit – Relaxing.

Ganz anders Herr Gutsche. Er will sein bereits erwähntes Geld in Apartmenthäusern mit jeweils vertieftem Sitzbereich und Grillplatz angelegt sehen, während David von einem kleinen Hotel für seine Mutter träumt. Einem Hotel mit vier Studios, neun Minizimmern und sieben Zweizimmerwohnungen. Befragt über die ungewöhnliche Anzahl der Räumlichkeiten, antwortet David leise, daß es die Zahlen seien, nach denen sich alles in seinem Leben richte. Herr Hedinger und Herr Janke wollen ein Luftbild anfertigen lassen, um danach ein unkonventionelles Nebeneinander von Freizügigkeit und Form zu entwickeln.

Nele hört zu, wartet stumm auf die Stunde des Abschlusses, hofft auf ein kleines Stück Land am Meer, weit weg von Hotels, Bungalows und Terrassenhäusern. Vier Wände wünscht sie sich, vier Wände, zwischen denen sie für Wendelin das Glück ihrer Liebe hüten will.

Man entschließt sich nun, Bucht und Hang von unten zu besichtigen. Der Weg abwärts ist steinig und Frau Hedingers Schuhwerk ungeeignet. Das kommt dem dicken Herrn Janke gerade recht. Man wird mit den Autos zurückfahren und über Dini zum künftigen Eigenstrand gelangen.

Wendelin, ruft Nele, sitzt schon neben David im Auto, Wendelin, komm! Der winkt hinunter zum Meer und gibt wortlos zu verstehen, daß er zu Fuß gehen will.

Geschäft ist Geschäft, denkt Herr Janke und tritt aufs Gas. Nele kann ihren Wendelin nur noch durchs Rückfenster sehen, sieht, wie er mit merkwürdig unbeholfenen Sprüngen zwischen Macchia und Ginsterbüschen verschwindet.

Wendelin jauchzt auf. Er freut sich an der Behendigkeit seines Körpers. Er tanzt. Gelbes Geröll, über das seine Füße gleiten, setzt sich in Bewegung. In der Sonne dösende Eidechsen kommen in Gefahr, eins abzukriegen. Wendelin ist schnell. Natürlich könnte er auch fliegen und es mit den Möwen halten, zum Meer segeln ohne einen einzigen Flügelschlag. Aber wie soll er das Herrn Janke erklären, dem Hotelier oder dem Ehepaar Hedinger? David würde ihn verstehen, vielleicht auch Nele.

Ginster. Je schnellfüßiger er sich der Bucht zu bewegt, um so mehr schlägt ihm der Blütengeruch entgegen, herb und befremdlich wie der Urin junger Katzen. Vogelgezwitscher unterm Kondensstreifen des lautlosen Düsenflugzeugs von Paris nach Rom. Wendelin bleibt stehen. Schluß mit der Tanzerei, dem Gejauchze und was da noch alles so schön ist. Er muß aufpassen, daß er nicht stolpert.

Am besten ist es, jetzt in Ruhe eine Zigarette zu rauchen. Im Schatten einer breitstämmigen Korkeiche inhaliert er heftig den ersten Zug, den zweiten und auch den dritten.

Das ist verboten, Signore, die Macchia brennt leicht, auch wenn es Frühling ist. Wir hatten lange keinen Regen!

Die Schöne hebt das glimmende Streichholz auf, gibt es Wendelin zurück, als hätte er es verloren.

Wie heißt du?

Wendelin will es wissen, bevor sie sich wieder in Luft auflöst. Nein, ihre Augen sind heute keine schwarzen Rosen, sondern dunkelblau und ganz normal. Sie trägt ein zeitlos langweiliges Kleid, einen Holzperlengürtel und keine Schuhe.

Ilva, sagt die Schöne und stellt sich, mit dem Rücken gegen Sonne und Meer, zum Anfassen dicht vor Wendelin.

Er faßt sie an. Marmornes Fleisch.

In der Hand eine Rose. Immer diese verdammten Rosen. Weiß der Himmel, wo sie die so schnell her hat. In der Macchia jedenfalls wachsen sie nicht.

Und was machst du hier?

Wendelins Stimme klingt hohl, obwohl er die Frage forsch stellen wollte, ähnlich wie ein Hi, ein Servus oder ein Ciao!

Ich hab auf dich gewartet!

Wendelin hält die Luft an. Er sieht auf die Uhr, überlegt, wieviel Zeit Herr Janke und Konsorten wohl bis zur Bucht brauchen, vergißt Nele und rechnet sich rund zwanzig Minuten für Ilva aus.

Am liebsten würde er ihr hier, in dem stillen Grün, zwischen Steinen und Erde, unter blauem Himmel, das langweilige Kleid ausziehen. Schnell und zart, ohne sie zu erschrecken.

Woher weiß sie, daß er, hier und um diese Zeit, den steinigen Pfad abwärts zur Bucht gewählt hat.

Also woher?

Weil es mein Land ist!

Wie bitte?

Ein launiger Scherz der schönen Ilva. Seit Monaten verhandelt er in Porteferraio mit den Grundstückseignern und steht kurz vorm Geschäftsabschluß. Ihr Land kann es wirklich nicht sein. Von den zwanzig Minuten sind nur noch fünfzehn übrig. Ungeduld packt ihn, und höflich bittet er sie um den Nachweis ihres Besitzes. Ilva leuchtet das ein. Ernst und ohne zu zögern greift sie in den Rock, zieht ihn hoch, streift ihn über den Kopf, steht nackt.

Das, sagt sie, das ist mein Land!

Diese Frau ist unberechenbar, macht ihn verlegen. Es gelingt ihm kein Blick, obwohl er ihr gerade noch das langweilige Kleid in dem stillen Grün vom Leib knöpfen wollte.

Schau mich an, sagt Ilva.

Er sieht ihren Körper an, der kein Körper ist. Wendelin möchte schreien, bringt aber nur eine Reihe kleiner Bewegungen fertig, die ihn rückwärts treiben bis an den Stamm der Korkeiche.

Ilva ist nicht mehr Ilva und steht doch nackt vor ihm da. Ihr Körper ist nicht Fleisch und Blut, sondern Landschaft, elbanische Landschaft von Kopf bis Fuß. Das sieht zum Verrücktwerden aus: Die Kontur ihres Leibes, wie in den Himmel geschnitten, ist ausgefüllt mit Hügeln, Wäldern, Wiesen, Blumen und Blütengesträuch, Flüssen und roter Erde. Nein, kein Gesicht, keine Brüste, kein Haar zwischen dem Ansatz der schmalen Schenkel. Ilva zeigt auf ihrem Feldwaldundwiesenkörper herum, möchte von Wendelin wissen, ob er tatsächlich will, daß hier Terrassenwohnungen entstehen. Sie weist auf die sanften, mit Gras, Blumen und Wein bewachsenen Hügel ihres Busens. Oder gar Bungalows, die, wie Wendelin zugeben muß, den gleichmäßigen Schwung ihrer Hüften zerstören würden. Hüften, an denen sich die Obst- und Mandelbäume abwärtsziehen und sich im bunten Geröll der beiden gleichgelagerten Bergkuppen verlieren.

Oder hier, Ilva zeigt auf das Feld saftiger Macchia zwischen ihren Beinen, möchtest du hier ein Hotel mit Swimming-pool sehen? Und leiser: Ein Hotel für jedermann zum Ferienmachen und zum Amüsieren?

Nein, das will Wendelin nicht. Er stößt sich vom Stamm der Korkeiche ab, umarmt Ilva und gräbt sein Gesicht in die Fluren ihres Körpers. Er atmet die Düfte ihres Halses, ihrer Arme, atmet Rosen und Ginster und sagt: Ich liebe dich!

Sanft löst Ilva sein Haar aus den Zweigen eines Brombeerstrauches, gibt seinem Blick eine Himmelsrichtung und zieht sich wieder an. Der Spuk ist vorbei. Ilva ist wieder Ilva, die Schöne mit Augen, Nase, Mund, eine Frau von natürlicher Beschaffenheit.

Wendelin ist wie vor den Kopf geschlagen und nur noch von der einen Idee besessen – Ilva zu lieben.

Längst warten die Herren Janke und Hedinger, der Hotelier, David und Nele auf ihn.

Du wirst mich nicht verkaufen, fragt Ilva und bittet Wendelin, die Haken ihres Kleides zu schließen. Zweimal berührt er ihren Halsansatz und verspricht, sie nicht zu verkaufen.

Wann wird er sie wiedersehen, wann und wo?

Nur da auf der Insel kann er sie finden, wo kein anderer Mensch anzutreffen ist. Weder morgens, mittags noch abends.

Wendelin lacht erleichtert auf. Wenn's weiter nichts ist, er kennt die Insel in- und auswendig, war in jedem Dorf, auf jedem Berg, zwischen allen Tälern.

Wenn du mich heute nicht mehr findest, sagt Ilva, verwandele ich mich in einen Fisch!

Großer Gott, ein Fisch, denkt Wendelin, was soll ich mit einem Fisch, wenn ich eine Frau will? Vergeblich sucht er in der Mittagssonne nach ihrem Schatten. Die

Verwandlung der Schönen in Grund und Boden hat ihm völlig genügt. Den Fisch kann sie weglassen.

Er lacht. Unsinn, du wirst kein Fisch. Es wäre ja noch schöner, wenn ich nicht ein ungestörtes Stückchen Erde auf Elba fände, auf dem ich dich in die Arme schließen kann! Wendelin, schon zum Gehen entschlossen, bleibt wieder stehen. Sollen die unten in der Bucht warten, bis sie schwarz werden. Er sieht die Schöne an.

Ilva! Hier zum Beispiel, hier ist keine Menschenseele! Ilva zeigt auf die Autos, die in die Bucht einbiegen.

Ich finde dich! ruft er und hüpft in langen unbeholfenen Sprüngen den Hang hinunter.

Es tut mir leid, entschuldigt sich Wendelin, ich habe mich verspätet, aber wie es nun einmal hierzulande ist, es hat sich eine weitere Grundstückseignerin gemeldet, die ich unterwegs getroffen habe.

Und? fragt der Hotelier, wie geht's weiter?

Auch das Ehepaar Hedinger zeigt Nervosität, und Herr Janke gibt vorsichtig zu verstehen, daß er um der Sache als solcher willen bereit wäre, mit sich reden zu lassen. Nele schweigt, sieht ihren Wendelin an und rechnet ab jetzt mit allem.

Haben Sie Geduld, aber ich muß sehen, wie ich die Sache ins reine bringe. In Italien muß man damit rechnen, daß ein Grundstück bis zu vierzig Eigentümer hat. Ganze Sippen treten bei den Notaren zur Unterschrift an, und es heißt höllisch aufpassen, daß da nicht einer doppelt kassiert.

Alle sind dafür, daß Wendelin sich schleunigst auf die Socken macht.

Nele, ach Nele! Wendelin hat keine Worte für sie, nickt ihr nicht einmal zu, lügt sich davon, zu Fuß, ohne Herrn Jankes Begleitung anzunehmen.

Westwärts. Wendelin will nur westwärts und in die Sonne hinein. Dort zwischen den mächtigen Granitblöcken des Monte Capanne, eintausend Meter über dem Meeresspiegel, wird er sie finden.
Jetzt gilt es nur schnell die Insel zu überqueren.
Von La Pila ab wird der Weg steil, windet sich in Kurven San Ilario zu, dem einsamen Bergdorf. Hier gibt's kaum Touristen. Der Wind von Nord und Süd hat die Bäume schief gestellt. Die Menschen sind alt und schweigsam, die Kirchentüren geschlossen. Am Brunnen stehen zwei Frauen und sehen Wendelin beim Trinken zu. Sie haben keinen Gruß für ihn, auch kein Lächeln. Die eine hält eine fleischfarbene Rose zwischen ihren knöchernen Fingern. Schon wieder Rosen. Ganz San Ilario ist voller Rosen, von zwei alten Weibern bewacht, da es hier nichts anderes zu bewachen gibt.
Weiter. Der Weg ist von Brombeerhecken umsäumt, die der mächtigen Bergkette entgegenkriechen und den alten Festungsturm schon bis zur halben Höhe eingenommen haben. Gelbe kleiderschrankgroße Steine liegen zwischen Feldern und Wiesen herum, vom Teufel verstreut, vielleicht auch vom lieben Gott. Vom Golfo di Campo kommt Wind auf, wälzt Wolken über die gelben Steine bis auf die Straße. Wolken zum Festhalten, wenn einer nur schnell genug ist. Wendelin hat keine Zeit für Wolken und verschwindet im Kastanien-

wald Richtung Poggio. Am Hotel Capanne vorbei beginnt der Aufstieg zum Gipfel. Hier geht kein Mensch. Raubvögel umkreisen den Berg. Die Sonne scheint noch immer. Es gibt keine Nacht.

Moos auf grauen Steinen. Für Bäume und Sträucher gibt's keine Erde mehr, für Wendelin keinen Schatten.

Plötzlich sind Schreie einer Frau zu hören. Wendelin sieht ein Gesicht – wirklich, zuerst das Gesicht, erst dann die Frau, ihren Arm und das Messer in der Hand.

Nein, nicht Ilva. Eine Touristin mit gerötetem Gesicht, kurz gebundenem Kopftuch und einem Lodenrock über dem stämmigen Hinterteil. Sie rennt mit kleinen Schreien an Wendelin vorbei, als wäre der Teufel hinter ihr her. Aber es ist nicht der Teufel, sondern ein schwitzender, ebenfalls eiliger Wandersmann, kniebestrumpft und stockbewaffnet. Gehen s' um Gottes willen nit weiter, ruft er in schwäbischem Dialekt, da oben wuselt's nur so von Schlangen!

Und fort ist er, den Stock schwingend der Weggefährtin nach, dem sicheren Tal zu.

Wendelin zögert keine Sekunde, obwohl er die Gefahr kennt. Er steigt weiter hinauf. Wenn die Vipern Ilva verschonen, werden sie auch ihm nichts tun. Und in der Tat, die stülpnasigen, ineinander verschlungenen Tiere geben ihm zischend den Pfad frei, schnappen nicht zu, stellen sich nur aufrecht, im Zorn erstarrt, machtlos gegen seinen zügigen Schritt.

Wendelin klopft das Herz. Noch ein paar hundert Meter – dort, hinterm Felsvorsprung, ist der Gipfel erreicht, dort wartet Ilva auf ihn. Sein Herzschlag wird hörbar, dröhnt aus seinem Brustkorb heraus, setzt sich fort in hart aneinander prallendes Eisen, unrhythmisch und mit Pausen.

Wendelin hat den Felsvorsprung erreicht. Was da schlägt, ist nicht sein Herz. Aus dem Tal aufwärts fährt eine Seilbahn. Wie Papageienkäfige schweben die eisernen Körbe dem Gipfel zu. Hinter den Stäben Touristen, die aufgeregt ihren Ausstieg erwarten. Zwei Jungen reißen die eisernen Türen der Käfige auf, lassen die Menschen frei, schlagen die Türen wieder zu. Der Nächste bitte! Auf- und Abstieg in einem fort. Da gibt's kein Halten.

Wendelin hat den Monte Capanne umsonst bestiegen.

Noch scheint die Sonne, und noch ist es nicht zu spät. Wendelin fährt abwärts, macht sich auf nach Marciana, um von dort aus in der Einsamkeit hinter der Kapelle der Madonna del Monte zwischen den drei Brunnen Ilva zu finden, Ilva umgeben von Zyklamen und anderen Blumen, Ilva im Gesang der Kohlmeisen, Nachtigallen und Drosseln.

Kaum schenkt er sich eine Pause, hat kein Auge für die seltsam aufeinandergetürmten Felsbrocken, die gegen den Horizont Tempeltieren gleich das hochgelegene Heiligtum der Madonna hüten. Aber Wendelin ist mißtrauisch geworden und spitzt die Ohren nach menschlichen Geräuschen. Ilva soll kein Fisch werden.

Von einem Atemzug in den anderen hört er Stimmen. Sein Schritt verliert an Tempo, kaum daß er sich bis zum steinernen Tisch am Rand des kleinen Plateaus schleppen kann. Von hier bietet sich ihm ein ungewöhnliches Schauspiel. An die zwanzig Italiener essen Spaghetti. Hocken auf mitgebrachten Stühlen um aufgestellte Tische, schieben die mit Tomatensoße begossenen und im Löffel gedrehten Teigschnüre in sich hinein, Wein fließt nach. Knoblauchdunst treibt in warmen Schwaden in Wendelins Nase. Gelächter zerreißt seine Hoffnung. Das hier ist eine Familienfeier.

Wendelin gibt auf, taumelt mit zitternden Knien zurück nach Marciana. Die Sonne beginnt zu sinken.

Da fällt ihm die Windmühle ein. Verfallen und von niemandem mehr benötigt steht sie in der Mitte der Insel auf einem Bergkamm zwischen Nord- und Südstrand. Wendelin muß sich beeilen, wenn die Dämmerung ihn nicht einholen soll. In Porteferraio gehen die Lampen an. Und Volterraio, die Trutzburg hoch überm Meer, ist auf dem spitzen Bergkegel nur noch schemenhaft zu erkennen. In der Bucht von Lacona schaukelt ein Fischkutter vor Anker.

Hier wird er sie finden, hier zwischen Hunderten von Ziegen, die in den Abend dösen, schrägäugig und unverwandt den Blick auf Wendelin gerichtet, bis die Hunde kommen. Das Gebell, grell und unaufhörlich, holt den Ziegenhirten aus dem Schlaf.

Also auch hier ein Mensch.

Der Hirte lädt Wendelin zu Käse und Wein ein, froh, eine Abwechslung zu haben. Umständlich öffnet er seinen ziegenledernen Rucksack, holt Käse, Messer und Wein heraus. Wendelin muß sich setzen. Die Hunde wedeln mit den Schwänzen und nehmen rechts und links von ihm Platz. Der Alte mahlt langsam den Käse hin und her. Dann zeigt er auf den Volterraio.

Dort müßt Ihr hin, sagt er, dort seid Ihr bis zu Eurem Lebensende allein!

Abermals verschwindet Käse im Mund des Alten. Wendelin lehnt dankend ab, kann jetzt nichts essen.

Dort oben, fährt der Hirte kauend fort, könne Wendelin höchstens von der Königin Ilva Besuch bekommen.

Von wem?

Wendelin will es noch einmal hören.

Wer ist Königin Ilva?

Der Ziegenhirte läßt das Essen nicht, trinkt jetzt auch noch.

Ja, die Ilva, nickt er schließlich, die habe sich vor mehr als achthundert Jahren, es wären vielleicht auch neunhundert, die Burg zum Schutz ihrer Insel gebaut, und kein Feind hätte die Festung je erobert. So jedenfalls erzählen es alle Bauern und Hirten.

Eine Sage also, an der nichts Halbes und nichts Ganzes ist. Der Alte schüttelt den Kopf. Was heißt hier Sage? Er selbst kann beschwören, daß während des Vollmondes die Burg mit Berg und allem Drum und Dran wie ein Ballon über die Insel schwebt. Auch hier, über der Windmühle, habe das Gemäuer schon mal gehangen. Himmelangst wäre ihm geworden, Burg und Berg könnten herunterfallen, auf seine Ziegen, vielleicht gar auf ihn selbst. Aber die Ilva hätte unbeschadet ihren Flug fortgesetzt, und bis es Tag wurde, war alles wieder an Ort und Stelle.

Und wie komme ich hinauf? Wo ist der Weg? fragt Wendelin, verhaspelt sich, kann nicht so schnell fragen, wie er sich die Antwort wünscht. Das, sagt der Ziegenhirte, das wisse er nicht. Warum auch? Dort oben gebe es kein Gras für seine Ziegen. Und wo es kein Gras gebe, da habe er nichts zu suchen.

Der Alte pfeift seinen Hunden, winkt Wendelin einen Gruß zu und legt sich hinter die Mauer der Mühle zwischen seine Felle zum Schlaf.

Scheibenrunder Mond. Langsam schiebt er sich jetzt im Norden den Horizont hoch, leuchtet Wendelin ins Gesicht. Zu gelb und unförmig auf den ersten Blick. Aber die Landschaft wird übersichtlich. Alles wird gut, das weiß Wendelin nun.

Von der breitgeteerten Straße zwischen Porteferraio und Porto Azzuro führt der Weg nach Volterraio. Wendelin weiß, daß es keinen Sinn hat, den kurzen Weg zur Ruine hinaufzufahren. Ein Pfad, von Touristen getrampelt, endet am Fuß eines Felsen. Den zu erklimmen, kostete einen jungen Mann das Leben. Ein Kreuz warnt vor Wiederholung.

Wendelin beginnt mit dem Aufstieg rechts unterhalb der Ruine zwischen den verfallenen Schafställen. Links unterhalb liegt eine Kapelle, vielleicht auch ein Fort. Da muß er zuerst hin, über die kantige Felswand hinweg.

Weiter oben wuchtig und fensterlos der quadratische Koloss, silbrig von außen, mit Zinnen und Luken, die nicht auf Verfall hindeuten.

Der Weg wird schwierig, bietet sich nach rechts und nach links an, überquert ausgetrocknete Bäche. Wendelin hangelt sich an Wurzeln weiter. Schritt um Schritt wird mühsamer. Vor ihm die Felswand, über ihm die Kapelle oder das Fort. Wendelins Atem pfeift, seine Hände sind wundgerissen. Der Schweiß sitzt in den Brauen, läuft seitlich die Schläfen entlang.

Über ihm das Gemäuer, über ihm Ilva!

Er tastet sich den Fels seitlich entlang.

Guter gelber Mond. Da ist der Einstieg. Man muß zweimal hinsehen. Ganz schmal ist er, zwischen verfallenem Mauerwerk und gewachsenem Fels. Eigentlich ist es ganz einfach. Die Kapelle war früher ein Fort, ist heute weder das eine noch das andere. Ein Gehäuse für Fledermäuse und Nachtfalter.

Hier erhebt sich der Gipfel kegelförmig und läßt, von Wind und Wetter glattgewaschen, keinen geraden Schritt nach oben zu. Wendelin geht im Zickzack. Nicht ein Kräutlein wächst hier, keine Blume. Zwischen den Steinen vertrocknetes Gras. Wendelin klettert und klettert, hat endlich die Burg erreicht und sucht nach dem Eingang.

Ilva, schöne Ilva!

Die Öffnung, sehr hoch, verlangt Schwindelfreiheit und einen sicheren Fuß. Wendelin ist am Ziel, steht im Geviert des uneinnehmbaren Gemäuers und ist im Paradies.

Nach wie vor Mondschein, butterblumengelbes wärmendes Frühsommerlicht. In der Mitte des Hofs ein Feigenbaum. Breit im Geäst und keineswegs über die Mauern hinwegragend, verspricht er mit seinen dreilappigen behaarten Blättern Geborgenheit.

Steinerne Blumen zwischen Erdbeerbäumen, nicht zum Pflücken und nicht zum Essen. Vögel mit Gefieder aus Blattgrün und mit dem Gesang frommer Grillen hängen am Brunnenrand, bedacht, nicht zu verwelken. Käfer, die auf silbernen Beinen durch wächsernes Gras kriechen. Früchte aus Glas. Blauer Wolkenhimmel hin-

ter türlosen Pforten im Gemäuer, wo er nie wieder aus-
gelöscht werden kann. Wendelin wehrt sich nicht gegen seine Tränen. Sie rollen mattglänzend aus seinen
Augen, rollen übers Gestein, jetzt schon eine ganze
Hand voll. Er hebt sie auf, die Perlen, und steckt sie in
die Tasche.

Jetzt wird er sich unter dem Feigenbaum ausstrecken
und auf Ilva warten. Seine Schritte sind ohne Geräusch, seine Bewegungen ohne Eile, seine Gedanken
ohne Angst. Seine Sehnsucht ist Geduld. Soll der Ole-
ander dort drüben, vor der Himmelspforte, ruhig ein
zweites Mal blühen, ihm wird die Zeit nicht lang. Die
Tränen füllen seine Taschen.

Da sieht er Füße zwischen den Zweigen. Ilva sitzt auf
einem Ast. Seine Hände umfassen die schmalen Knöchel, gleiten über die marmornen Knie aufwärts. Kein
Kleid.

Wendelins Kopf, in der Höhe ihrer Schenkel, fällt
vornüber mit dem Gesicht in ihr Haar. Das kleine Zittern ihrer Kniekehlen auf seinen Schultern bringt ihn
außer Atem. Er küßt sie. Dann pflückt er sie sich vom
Feigenbaum. Ihre Beine gleiten abwärts, seine Hände
aufwärts. Gleich wird er sich ihren Körper zwischen
den steinernen Blumen und seinen Tränen zurechtle-
gen. Frommer Grillengesang der Blattvögel singt das
Lied der Liebe.

Ilva ist nur zur unteren Hälfte Ilva, oben ist sie ein
Fisch, steht jetzt stocksteif und stumm vor ihm, ohne
Arme, die ihn halten, nur mit Flossen versehen, die an
ihrem graugrünen Fischleib hängen.

Ihr Fischmaul öffnet sich schnappend – wie bei Fischen, wenn Luft sie erstickt. Nur die Augen sind unverändert, blicken mit zärtlichem Blau, bohrend und bittend, bis Wendelin weiß, er wird sie jetzt auf der Stelle in die Arme nehmen, gleich ob Fisch oder Frau. Er trägt sie zum Brunnen, schöpft Wasser mit den Händen und netzt das wächserne Gras, damit sich die zarte Haut ihres Fischrückens nicht verletzt. Auch über ihren Kopf läßt er Wasser rieseln, küßt die Falten ihrer Kiemen, schiebt, um wenigstens etwas Halt zu haben, seine Fingerspitzen dazwischen und beginnt mit großer Innigkeit die Fischfrau zu lieben.

Ilva, ach Ilva! Ewigkeiten des Glücks zwischen Himmel und Meeren.

Dann erhebt sich Ilva, trägt auf zierlichen Füßen den Leib aufrecht die verfallenen Treppen empor. Wendelins Rufen hört sie nicht.

Sie steigt aus dem Paradies hinaus zwischen die zugigen Zinnen, läuft die Wehrgänge von Nord nach Süd, Ost nach West. Ihre nackten Füße scharren über den jahrhundertealten Mörtel. Ihr Fischleib neigt sich gefährlich weit über den Abgrund. Sie tippelt auf den kleinen Vorplatz, der nach Westen liegt, von halbrunden Türmen eingerahmt, wo er den Blick über die Bucht von Porteferraio auf die ganze Insel freigibt.

Jetzt ist Wendelin an ihrer Seite, legt beide Hände auf ihren naßkalten Rücken. Er kann sie nicht halten. Mit einem kräftigen Satz springt Ilva in die Luft.

Sie stürzt nicht.

Nein, sie hebt sich hoch hinaus, hoch über die Burg Volterraio, zieht einen beachtlichen Bogen, glänzt silbern im Mondlicht, wird weder kleiner noch größer und fährt zischend kopfüber ins Meer. Gischt bildet sich, und Wellen bringen alle Schiffe im Hafen zum Schaukeln.

Wendelins Tränen werden nicht mehr zu Perlen. Er weiß nicht, wie er den Berg hinunterkommt und bis nach Capoliveri gelangt.

Anderntags gibt es bei Luciano eine Leccia. Der Abschluß des Grundstückskaufes muß gefeiert werden.

Eine Leccia, fragt der Hotelier aus Baden-Baden, was ist das?

Eine Seltenheit und Spezialität, damit muß sich der Hotelier begnügen.

Vier Stunden wird die Leccia im Backrohr in einer Marinade liegen. Vier Stunden in Weißwein, Knoblauch, Essig, Rosmarin, Pfeffer und Lorbeeren. Dann sollen sie alle kommen und es sich schmecken lassen. Auch Wendelin dürfe nicht fehlen. Für den, sagt Luciano, gebe er sich besondere Mühe.

Am Abend ist ein Tisch reserviert und gedeckt. Lucianos Frau hat frische Blumen gepflückt. Fresien und Ginster.

Bis auf Wendelin sind alle da. Herr Janke hat großen Appetit, das sieht man ihm an. David trägt zur Feier des Tages seine Glückszahlen in Silber um den Hals, und Frau Hedinger träumt von dem Plätzchen, das sie nun hat, und denkt nicht mehr daran, dort alt zu werden. Nele ist blaß.

Wendelin werde sicher gleich kommen. Nele verschweigt, daß er seit der Nacht zuvor stumm auf einem Stuhl im Hotelzimmer sitzt und aufs Meer starrt. Sie läßt wortlos die Herren aus Baden-Baden, Darmstadt und Frankfurt einen Toast auf Wendelin aussprechen.

Weitere Gäste besetzen die Tische. Die Saison hat begonnen. Frau Hedinger ist überzeugt, daß man hier bald Freunde gewinnen wird. Und soviel Deutsche, auch Schweizer, das findet sie sympathisch.

Die vier Stunden sind um. Luciano holt die Leccia aus dem Wasser, legt sie auf ein meterlanges Brett, steckt ihr eine Rose zwischen die Lippen und stellt sie zwischen die hungrigen Gäste.

Grau und porzellanfarben der Rücken, weißgrün, von milchiger Zartheit der Leib. Ja, so stellt sich Herr Janke aus Darmstadt eine Delikatesse vor. Nur die Augen der Leccia, die blicken in blauer Klarheit geradeaus.

Die Tür springt auf, schlägt knallend gegen die frischgekalkte Wand und bleibt offen. Wendelin stürmt herein. Er ist nicht sehr festlich gekleidet. Das Hemd verschwitzt und die Hosen von Erde verschmiert. Unter wirren Haaren sein unrasiertes Gesicht.

Lucianos Frau will auf ihn zugehen, aber Luciano hält sie zurück. Wendelin sieht die fremden Gesichter, sieht seine Kunden, sieht Nele im schwarzen Kleidchen und versucht ein Lächeln der Entschuldigung.

Nun, ruft Herr Janke, kommen Sie, lieber Wendelin, und essen Sie mit uns diesen ungewöhnlichen Fisch. Wir haben auf Sie gewartet!

Entsetzlich, wie sich Wendelins Schultern aufwärtsziehen, und entsetzlich der Schrei, der aus seinem Mund fährt, und unfaßlich der Sprung! Weiß Gott, er springt zwischen dem Ehepaar Hedinger hindurch und wirft sich der Länge nach über den Fisch, daß von dem nichts mehr zu sehen ist außer dem Kopf, den Wendelin heftig küßt. Das ist kein Fisch, ruft er eins ums andere Mal, das ist kein Fisch!

Die Herrschaften vom Nachbartisch blicken auf, sehen den über dem Fisch liegenden Mann an und hören dessen Küsse.

Einem Vater, der seinem Sohn gerade versprechen wollte, am nächsten Tag den schon mehrmals bestiegenen Volterraio zu zeigen, bleibt das Wort im Hals stecken.

Und mit ihm Frau Zerr

Frau Zerr lag in Janowskis Bett. Frau Zerr dachte nicht an Herrn Zerr. Hingegen dachte Herr Zerr an Frau Zerr, denn er wußte von Janowski.

Frau Zerr lag nicht zum ersten Mal in Janowskis Bett. Da war schon eine Vertrautheit zwischen ihnen, die Janowski schneller einschlafen ließ, als es Frau Zerr lieb war.

»Lore«, sagte Janowski, »o Lore . . .«

Dann schlief Janowski, ließ Frau Zerr zurück, die ihn zwar immer noch im Arm hielt, aber als Schlafenden.

Obwohl der Unterschied zwischen Janowski und Herrn Zerr, wenn sie schliefen, nicht groß war, blieb es verwunderlich, daß Frau Zerr immer noch nicht an Herrn Zerr dachte.

Ihr Blick kroch die leeren getünchten Wände hinauf und hinunter.

»Kahle Wände sind besser als schlechte Bilder«, hatte Janowski bei ihrem ersten Besuch gesagt. Seitdem versuchte Frau Zerr, wenn Janowski schlief, mit dem nackten Weiß, besser gesagt, der nackten Fläche, fertig zu werden. Frau Zerr fühlte sich bedroht, traute dem Frieden nicht ohne Fleck und Bild, nicht den glatten Wänden, jetzt schattenlos, die zwei Seiten hatten, von denen sie aber nur eine kannte. Diese!

Janowski träumte, zuckte mit den Füßen, lief wohl vor etwas davon, ergab sich, streckte sich lang auf dem Rücken aus und brauchte viel Platz in dem Bett.

»Lore«, murmelte er, legte seine Hand irgendwo auf Frau Zerr, schlief sich über den Traum weg, bis sein Atem regelmäßig die Stille einteilte.

Das »Lore« hatte sie ganz wach gemacht, hatte mit seiner verschlafenen Zärtlichkeit erneut ihre Sinne geweckt. Natürlich spürte sie auch die Hand, aber mehr noch das »Lore«, das nun zwischen den nackten Wänden, allein mit Janowskis Atem, unnütz wirkte.

»Du!« sagte Frau Zerr und schubste Janowski, der weiterschlief.

»Du?«

Nichts. Das »Du« gesellte sich zu dem »Lore« und hüpfte die weißen Wände auf und ab. Einmal »Du«, einmal »Lore«.

So blieb ihr Seufzen und Janowskis Zeh, der sich plötzlich unter der Bettdecke hervor in die Dunkelheit schob und zu leuchten begann. Ein seltsamer Pilz, ganz für sich aus dem Schwarz der Nacht gewachsen, ebenso unerklärlich wie ungewöhnlich.

Warum leuchtete Janowskis Zeh plötzlich? Ihr Zeh leuchtete nicht, weder der rechte noch der linke. Es leuchtete überhaupt sonst nichts zwischen den vier weißen Wänden.

In jedem Falle mußte die Helligkeit, welche Janowskis Zeh zum Leuchten brachte, vom Oberlicht herkommen. Die Wohnung lag im Souterrain, war ursprünglich gar nicht als Wohnung gedacht, diente nur Janowski als solche und hatte unterhalb der Zimmerdecke ein schmales Fensterband über die ganze Wand hin. Die Kirche, dachte Frau Zerr, denn die lag Janowskis Wohnung gegenüber, nur aus der Kirche konnte der Lichtschein kommen. Obwohl eine andere Möglichkeit ausgeschlossen war, meldeten sich in Frau Zerr Zweifel. Die Kirche war aus Beton, ein Bunker des Herrn, kein Fenster zu Janowskis Wohnung hin, überhaupt ohne Fenster, nur ein Dach aus Glas, durch das der Segen des Herrn direkt vom Himmel einfiel. Um den Ursprung jener fragwürdigen Lichtquelle, die den Zeh von Janowski so hell leuchten ließ, zu erfahren, hätte sich Frau Zerr aufrichten müssen. Das gelang ihr nicht. Müdigkeit füllte sie ganz und gar aus. Nur ihr Kopf blieb klar und hell. Woher kam das Licht? Frau Zerr fühlte Schweiß auf der Stirn.

»Janowski«, flüsterte sie mit Anstrengung. Die Müdigkeit, die sie so quälte, war auch in ihre Stimme gekrochen.

»Janowski, dein Zeh!«

Janowski brummte, sagte nicht einmal »oh Lore«, rollte auf die Seite, ließ den leuchtenden Zeh unter der Bettdecke verschwinden und machte sich auf in den nächsten Schlaf. Was nun?

Nie würde Frau Zerr erfahren, weshalb Janowskis Zeh geleuchtet hatte.

Mengen von Schweiß, die ihr jetzt in Tropfen hinterrücks durchs Haar rannen, versetzten sie in Angst, ließen sie Janowskis Zeh vergessen, den eine Weile der Mond beschienen hatte. – Schmales und kräftiges Licht fiel am Betonkirchturm vorbei durchs Fenster auf den Zeh, der, nun wieder unter der Bettdecke, ganz uninteressant geworden war.

Nur noch Angst. Sie schob sich aus den kahlen Wän-

den weiß und glatt über Janowski weg auf Frau Zerr
zu, die nicht einmal jetzt an Herrn Zerr dachte.

»Janowski!«

»Was ist?«

»Ich habe Angst!«

Sie nahm seine Hand, hielt sich an ihr fest, bis es ihm
weh tat. Er wachte auf, drückte auf den Lichtschalter,
blinzelte und wendete sich ihr zu.

Sein weißer Körper verdoppelte sich für Frau Zerr,
wurde unermeßlich groß, ließ Janowski aus Janowski
wachsen, drückte sie der Länge und der Breite nach
zusammen, bis ihr der Atem stockte.

Mein Herz, dachte Frau Zerr.

Janowski wuchs weiter. Seine Hände umschlangen ihre
Schultern, fuhren ihr unter die Achselhöhlen. Es
krachte in Frau Zerr. Ihre Knöchel schoben sich aufwärts in die Knie, ihr Kopf mit dem schweißnassen
Haar abwärts, hinein in den Brustkorb. Ihr Blick,
durch die Rippenbögen mehr und mehr eingeschränkt,
suchte Janowski, bat um Hilfe, flehte.

Janowski wuchs, war jetzt nicht mehr als Janowski zu
erkennen, nur noch Fleischmasse, die sich schaukelnd
vor dem im Brustkorb befindlichen Kopf der Frau Zerr
auf und ab bewegte.

Kein Atem mehr möglich. Janowski nahm alles.

Frau Zerr legte ihr Ohr an ihr Herz, lauschte, hörte
den Schrei nach Liebe, schrie ihm nach, so gut es ging,
brachte aber nur ein Gurgeln hervor, das aus ihren
Rippenbögen hervorquoll und Janowski erschreckte.
Einen so gurgelnden Schrei hatte er von Lore noch
nicht gehört. Der Schrei hob sich aus ihr, endlos, ohne

Lust, in einem fort klagend. Wurde leiser, wurde zum Zischen, war gar kein Schrei mehr, kein Ton, blieb lautlos, starb. Mit ihm Frau Zerr. Lore war tot.

Janowski brauchte seine Zeit, bis er das begriff. Vielleicht hätte er es überhaupt nicht begriffen, wenn nicht Lores Blick, der kein Blick mehr war, ihm entgegenstarrte.

Das war wie gefrorenes Wasser, zerschundenes Glas, wie Quallen, wie die Haut gefangener Aale. Wie vieles war das, nur nicht wie Lores Augen.

»Lore?«

Keine Antwort. Frau Zerr hatte ihren letzten Schrei geliefert, hatte nichts mehr zu geben als ihren Tod, der Janowski ganz aus der Fassung brachte. Er suchte ihren Puls, ihren Herzschlag. Er schüttelte sie, hätte sie am liebsten geschlagen.

»Lore«, rief er wieder, »Lore!«

Frau Zerr blieb tot. Bot Janowski nur den Anblick ihrer gebrochenen Augen. Zwei glitschig stumpfe Klümpchen rechts und links der Nase in den Kopf gebettet. Janowski hielt nicht durch, verlor die Nerven, sprang auf, rannte ins Badezimmer.

Er traute sich nicht zu Lore zurück, die, kälter und kälter werdend, immer die Augen offen, nackt in seinem Bett lag.

Janowski schwitzte. Das Badezimmer war überheizt. Janowski nahm sich zusammen, trank in der Küche zwei Gin, kam wieder ins Gleichgewicht, hatte im Krieg genug Leichen gesehen, war ein Mann.

Frau Zerr bot kein schönes Bild, mit dem Blick, der kein Blick war. Janowski atmete heftig, als sich seine

Daumen vorsichtig auf die Lider legten wie auf das Fleisch eines gerupften Vogels, unendlich zart, kaum der Rede wert.

Frau Zerr lag nun da, als schliefe sie. Wenn sich Janowski recht besann, hatte Lore noch nie so gut ausgesehen wie eben jetzt. Er war immer vor ihr eingeschlafen, nach ihr aufgewacht. Wußte wenig von der schlafenden Lore, der toten, und auch nicht besonders viel von der lebenden.

Einsamkeit beschlich ihn hinterhältig. Frau Zerr war zweifellos zu zeitig gestorben, darüber war er sich klar, hatte sich mit ihrem letzten Schrei davongemacht. Trauer überkam Janowski, an der er noch lange zu kauen haben würde. Trauer, die ihn schlucken ließ und machtlos machte, auch Frau Zerr gegenüber, die jetzt schon eine Viertelstunde tot war.

Das brachte ihn zur Vernunft. Herr Zerr mußte benachrichtigt werden.

Schlimm genug, wenn einer seine Frau tot in dem Bett eines fremden Mannes findet, überlegte Janowski. Und es schien ihm unzumutbar, sie dem Gatten auch noch unbekleidet zu zeigen. Stück für Stück: Wäsche, Strümpfe, Pulli, Rock. Janowski biß die Zähne zusammen, kam nicht ganz mit den Haken zurecht, verzichtete, zupfte nur noch, mied Lores kühle Haut, hätte am liebsten Handschuhe angezogen, dachte an Herrn Zerr und was er ihm sagen müßte. Er dachte an Lore und dachte an sich, gab es auf, ließ sie liegen, wie sie lag, den Kopf ein wenig schief, einen Arm über der Bettkante, die Beine sehr gerade mit aufwärts gerichteten Füßen und nicht festgemachten Strümpfen.

Nie mehr würde Lore durch dieses Zimmer gehen, nie mehr in dieses Bett steigen.

»Guten Tag«, sagte Herr Zerr, obwohl es mitten in der Nacht war.

»Guten Tag!«

Mehr hatten sie sich nicht zu sagen. Herr Zerr ging an Janowski vorbei, der bereitwillig Platz machte, hatte keinen Blick für ihn, keine Frage, nahm ihn nicht zur Kenntnis. Steuerte zielsicher auf Frau Zerr zu, die ein Glitzern unter dem linken, von Janowski nicht ganz geschlossenen Lid zeigte, das Herrn Zerr listig erschien. Außerdem war sie schlampig angezogen. Herr Zerr dachte sich seinen Teil und noch mehr. Er dachte, ob es nicht möglich sei, seine Frau, tot wie sie nun einmal war, ins Auto zu packen, nach Hause zu fahren, ins eheliche Bett zu legen, dort wieder auszustrecken, den Arzt zu holen, um den Totenschein schreiben zu lassen. Auch dachte Herr Zerr, daß er dazu die Hilfe Janowskis in Anspruch nehmen müßte.

»Wann?« fragte er.

Sofort erkannte Janowski die Gedanken des Herrn Zerr. Bald würde die Leichenstarre eintreten.

Wenn sie sich nicht beeilten, wenn sie die Tote nicht rechtzeitig nach Hause und aus dem Auto ins eheliche Schlafzimmer schafften, wäre die Haltung der Verstorbenen eine ungewöhnliche.

»Nein«, stöhnte Herr Zerr.

Janowski stimmte dem wortlos zu, verstand den verborgenen Wunsch aber gut genug, um Herrn Zerr einen Gin anzubieten. Herr Zerr lehnte ab.

Hatte mit dem Gedanken, seine tote Frau heimlich

nach Hause zu bringen, auch Janowski vergessen. Wandte sich der Verstorbenen zu, rückte den Kopf gerade, ordnete sorgsam das Haar, drückte das linke Lid richtig zu. Ging mit der Toten um, als sei sie nur krank. Redete zärtlich, tröstete. Herr Zerr sprach leise, tat so, als hätte er viel zu erzählen. Tat so, als hörte die tote Lore jedes Wort. Nahm ihre Hände, faltete sie nicht, sondern legte sie gekreuzt über ihre Brust, bis die Fingerspitzen die Schultern berührten.

»So schläft sie immer«, sagte Herr Zerr endlich auch zu Janowski, ging zum Telefon und rief einen Arzt.

Die Wachträume des Herrn
Leopold Zündel

Das Frühstücksei von Leopold Zündel durfte nicht länger als vier Minuten kochen. Er aß es allerdings auch, wenn Frau Zündel es länger im Wasser ließ. Aber dann aß er es unwillig.

Mit den Jahren der Ehe hatte Frau Zündel festgestellt, daß zwischen der Unwilligkeit über ein zu lang gekochtes Ei und der Zufriedenheit über den Verzehr eines wachsweichen kein Unterschied war.

Also aß Leopold Zündel ohne Murren, doch unwillig, jeden Morgen ein zu hart gekochtes Ei. Es sei denn, der Zufall bescherte der Zubereitung des Eis die Aufmerksamkeit von Frau Zündel.

Dann erwartete sie ein Lob.

Auf diese Weise blieb seinerseits jegliche Anerkennung über ein gelungenes Ei aus, und das ließ zwischen den Eheleuten keine gute Stimmung aufkommen.

Sie schwiegen und nahmen aneinander das Geräusch des Kauens und Schmatzens wahr. Sie waren seit fünfzehn Jahren verheiratet.

Drei Müllmänner leerten fünf Mülltonnen. Das geschah freitags. Dienstags geschah nichts, montags nichts, höchstens mittwochs, da kam der Gemüsemann. Über Donnerstag war sich Frau Zündel nicht im klaren, und am Wochenende gönnte sie sich den Gedanken, daß es in anderen Ehen auch nicht besser zugehe.

Wie jeden Morgen sah Frau Zündel ihren Mann lange an.

Unter der Vielzahl dieser Blicke und Seufzer hatte sich Leopold Zündel verändert. Aus den dicken, mit der Zeit geröteten Ohren war büschelartig Flausch gewachsen, der seine Gehörgänge gegen das Ach und Weh seiner Frau abschirmte.

So blieb es dem Haarschneider von Leopold Zündel untersagt, auch nur eines dieser Haare zu entfernen.

Frau Zündel mochte die Haare in den Ohren ihres Mannes nicht, hatte sich aber daran gewöhnt.

Ihrem langen Blick war auch nicht entgangen, daß sich ihr Ehemann mehr und mehr hinter die Gläser seiner randlosen Brille zurückzog, wo er Dinge zu sehen schien, mit denen ihre eigene Person wenig zu tun hatte. Auch daran hatte sie sich gewöhnt.

Sie hatte sich schließlich auch an seinen Bauch gewöhnt, der wie eine vergessene Schwangerschaft über seiner Gürtellinie hing.

Sie band sich eine Schürze um. Sie steckte ihre Haare unter ein Tuch. Sie zog sich Latschen an. Sie hätte gern gesungen. Sie öffnete das Fenster. Sie stellte das Radio an. Sie würde gern putzen, aber da war nichts zu putzen.

Herr Zündel ließ ihr nicht einmal etwas zum Staubwischen.

Kästen, übereinandergestapelt, füllten Wohnzimmer und Flur, standen in hölzernen Säulen dicht bei dicht und drohten umzukippen, wenn man sie berührte. Frau Zündel schlich auf leisen Sohlen daran vorbei.

Drei dieser Kästen hatte Leopold Zündel mit in die Ehe gebracht. Jetzt waren es ungezählte, die der Wohnung und Frau Zündel die Gemütlichkeit nahmen. Die Wohnung war voll.

Da hatte Herr Zündel Tüten und Umschläge im Schlafzimmer gestapelt. Erst nur ein paar, dann gebündelt nebeneinander den Kleiderschrank entlang. Jetzt lag schon eine ganze Reihe an der Wand, knisterte beim Vorbeigehen und mußte wieder ins Glied geschoben werden, wenn Frau Zündel unter diesen Umständen noch irgendeine Art von Ordnung bewahren wollte.

Hin und wieder stand ihr Mann nachts auf, leuchtete Tüten und Umschläge mit einer Taschenlampe ab, fand ohne langes Suchen das Gewünschte, zog es geräuschlos aus dem Stapel, nahm es mit ins Bett und löschte das Licht, ohne einen Blick auf das Gesuchte zu verschwenden. Am nächsten Morgen, wenn Frau Zündel zeitig genug aufwachte, konnte sie ihren Mann Leopold auf dem Rücken liegen sehen, selig schlafend mit geöffnetem Mund. Oberhalb seines Bauches, unter den Händen versteckt, einen der Umschläge, und wie Frau Zündel wußte, nicht geöffnet. Einmal zugeklebt, waren sie für immer verschlossen. Sie bargen Frau Zündels Meinung nach alle die Dinge, mit denen sich Herr Zündel hinter die Gläser seiner randlosen Brille zurückzog.

Kodak 22 DIN

Blende 5,6

Sechzigstel Sekunde

Ich muß immerfort hinsehen. Ich weiß, ich müßte mich zusammennehmen. Es wird nicht gut enden. Nein, es wird nicht gut enden. Es kann gar nicht gut enden, weil es noch nie gut geendet hat. Was? Nicht zu beschreiben!

Ich muß immerfort hinsehen. Es kribbelt in meinen Fingern. Ich müßte mich wehren. Es ist besser, sich nicht zu wehren, zumal ich nicht beschreiben kann, gegen was.

Ich muß immerfort hinsehen. Das Kribbeln in den Fingern wird zum Ziehen. Ich weiß Bescheid. Da ist nichts dran zu ändern. Meine Hände können sich selbständig machen. Wenn's drauf ankommt, sitzt jeder Griff. Das geht unter Umständen so schnell, daß Herr Wäsch nichts merkt.

Zum letzten Mal, ich muß immerfort hinsehen, es wird nicht gut enden, ich wehre mich nicht, ich hab's im Bild.

Ich werde es einordnen, es wird mir gehören. Es ist mein Eindruck.

Es ist ein Anfang.

Warum unbedingt Italien, frage ich, noch dazu Senigallia?

Sonne, sagt sie.

Ich muß gestehen, es war nicht das letzte Mal, ich sehe schon wieder hin, und ich werde ab jetzt in kurzen Abständen ununterbrochen in der Hoffnung hinsehen, daß sich ihr linkes – im Gegensatz zum rechten lidver-

42

hangenes – Auge öffnet. Das heftet meinen Blick fest und ist im Bild.

Das Mädchen hat ein Klappauge. Zangengeburt. Nerv geklemmt. Vielleicht war ihrem linken Auge bisher nichts Lohnenswertes erschienen, daß es sich ganz öffnete. Das rechte sah genug.

Ein Schreck, ein Schmerz, eine Frechheit, eine Zärtlichkeit könnte es aufreißen!

Sonne, sage ich, Sonne scheint überall.

Wasser, sagt sie.

Herr Wäsch sieht zu mir herüber und hat mich beobachtet, obwohl meine Hände so schnell waren. Egal. Der Anfang ist da. Ich kann auf Herrn Wäsch keinerlei Rücksicht nehmen.

Wasser, sagt sie mit lidverhangenem Blick. Ich kann mich nicht wehren, will nicht.

Der Druck des Wassers wird ihr das linke Lid in die Höhe heben. Zwei wasserblasse, ebenmäßige, schwimmende Augäpfel von Fischen geküßt.

Nein, sage ich ohne Rücksicht auf Herrn Wäsch, Sonne und Wasser ist es nicht, was Sie brauchen, und schon gar nicht Senigallia.

Was dann, sagt sie.

Es hat gebebt. Ich habe es deutlich gesehen. Das linke verhangene hat gebebt, hat sich einen Lidschlag lang emporgezogen, an meine Frage gehängt und das Rund der marineblauen Iris gezeigt.

Mein Atem geht schneller, mein Puls klopft im Kehlkopf. Ich muß schlucken und schlucken, statt etwas zu sagen. Was?

Mädchen, ich will es sein, der dir dein Auge öffnet!

Schöne, meine Zärtlichkeit wird dich vollkommen machen! Fräulein, ich hab noch nie mit einer mit Klappauge!

Ihr Blick ist schwarz und weiß, ja und nein. Meine Sinne, meine Sinne.

Es zittert bereits die Eifersüchtelei von dem linken auf das rechte und von dem rechten auf das linke. Mein Herz ist auf der Suche nach einem Versteck! Mein Herz hat das Klappauge entdeckt.

Ja, was dann? Schließlich hat sie das gefragt.

Antwort: Liebe!

Ich bitte Sie!

Ihre schlampig hingeworfene Empörung steigt mit dem rechten marineblauen in ein Lächeln um. Links lidverhangenes, alles versteckendes, aufregendes, nichts hergebendes traumdunkles Klappauge.

Mein Verlangen legt sich unter das Lid. Ich spüre an meinen Händen die Feuchtigkeit ihres Augapfels, der zur Hälfte im Dunkeln liegt. Zärtlichkeit schiebt sich durch blaues Blau, ohne das Geringste auszurichten.

Ich bin aufgeregt.

Ich fürchte mich vor dem kleinen schwarzen Loch, das sich verengt und erweitert, mich umschließt, registriert, blindlings im Dunkeln.

Wenn es mir nicht gelingt, ihr Lid wie eine Decke aufzuschlagen, werde ich mich schämen.

Dem lächelnden Blick ihres rechten Auges – ich weiß es – könnte ich nicht standhalten. Ich würde mich leise davonmachen. Allein des Mißverständnisses wegen.

Sagen Sie mir, wie Sie heißen!

Nelly!

Kodak 17 DIN
Gelbfilter
Blende 2,2
Hundertfünfzigstel Sekunde
Nellys Finger, aus einer weißen Handfläche heraus, strecken sich mir entgegen und erinnern mich daran, daß ich Herrn Wäsch ohne ein Wort der Erklärung zurückgelassen habe.
Bitte, sage ich.
In dem Fernrohr, über das sich Nelly jetzt beugt und mit dem sie den Horizont nach Sehenswürdigkeiten absucht, beginnt ein Surren. Für zehn Pfennig Zeit! Nelly hat nicht nach meinem Namen gefragt.
Ich habe ein Dutzend Groschen in meiner Tasche, das muß für die Rheinebene reichen.
Straßburg, sagt Nelly, oder?
Bei dem Wetter immer!
Das Fernrohr schwenkt flußabwärts. Nelly sagt alle Städte auf, die sie kennt. Das Wetter ist gut.
Speyer, murmelt sie, Kaiserstadt.
Ich bin ungeduldig, warte die Türme von Worms ab, lasse sie etwas von den Nibelungen faseln und zähle insgeheim die Groschen in meiner Tasche.
Die ganze Geschichte rückwärts. Nelly ist unermüdlich, hat in der Schule gut aufgepaßt und erzählt alles noch einmal.
Ich muß warten, bis sie müde wird. Die Haltung vor dem Fernrohr ist unbequem.
Jetzt sind Sie dran, sagt Nelly.
Ich zähle die Groschen, fünf Stück. Ich lege alle fünf in Nellys weiße Handfläche.

Ich schlüpfe, ohne viel Aufhebens davon zu machen, hinter die Linse des Fernrohrs.

Nelly wirft einen Groschen in den Schlitz des Fernrohrs. Nelly beweist den Instinkt ihres linken Auges. Nelly nimmt mich auf. Der Groschen fällt.

Zwischen den gläsernen Linsen sitzt es sich schlecht.

In ungeheuerlicher Vergrößerung hängen die einzelnen Teile meines Körpers aus dem Himmel heraus.

Das Fernrohr bebt vom Lidschlag des lidverhangenen.

Vor mir Nellys Pupille ganz schwarz, ganz rund. Ich zeige mich ihr Stück für Stück. Ohne sie erschrecken zu wollen, beginne ich mit einem kleinen Scherz und spucke in den Rhein.

Nelly lacht nicht.

Mein Speichel – geriete er durch Überdruck flußaufwärts – würde die Schleusen des Neckars verstopfen.

Nelly hat keinen Humor. Ich muß mir etwas anderes ausdenken.

Nelly hat mich über Straßburg placiert. Ich bin ihr ausgeliefert. Die sieben törichten Jungfrauen kitzeln mich unter der Achselhöhle, bis mich Gelächter befällt und die Goldkrone meiner Zähne ins Licht der Sonne gerät, daß die Dächer der Stadt zu flimmern beginnen.

Nellys Pupille zieht sich zusammen. Ich muß mir wieder etwas anderes ausdenken.

Ich wüßte auch schon was, aber der Mut verläßt mich. Herr Wäsch fällt mir ein. Es wird Ärger geben.

Immer muß man sich an das Gegebene halten, so wie die Kirchtürme an den Horizont.

Mein Nabel ist ein Vulkan. Mein Nabel ist eine Hochsee. Mein Nabel ist ein Nabel, um den Nelly herumgehen könnte. Im Grund meines Nabels liegt das Himmelreich.

Wenn Nelly keine Lust hat, um den Rand meines Nabels zu spazieren, wird sie keinen Blick ins Himmelreich werfen können, die Arme. Sie wird meinen Nabel für die Sonne oder den Mond halten, denn sonst ist nichts in dieser Größenordnung am Firmament zu finden.

Nelly, flüstere ich zwischen den Linsen im Fernrohr, steigen Sie bitte in meinen Nabel! Ich habe einen schönen Nabel. Die Hebamme hat ihn sorgfältig abgebunden und gewickelt. Der Weg führt kreisförmig nach innen, ohne jede Art von Wulst.

Aber ich mag weder Berge noch Höhlen, sagt Nelly, und schon gar nicht Vulkane, von denen man nie weiß, wann sie ausbrechen.

Versuchen Sie es!

Ich halte still. Ich fühle Nellys weiße Handfläche über den Rand meines Nabels streichen. Ich spüre, daß Nelly neugierig geworden ist. Wenn sie so weitermacht, vergißt sie ihre Abneigung gegen Berge und Höhlen. Ich darf nur nicht schnell atmen.

Das Fernrohr, mit meinem vorletzten Groschen gefüllt, kreist über Ludwigshafen.

Das Hochhaus der BASF macht mir zu schaffen. Ich muß den Bauch einziehen. Mein Nabel verengt sich.

Nellys weiße Hände krallen sich fest. Mir wird übel.

Nelly interessiert sich für das Hochhaus und beginnt, die Stockwerke zu zählen. Sie will wissen, ob es oben schwankt.

Mir ist sehr übel. Nellys Fingernägel sind scharf.

Da wächst ein Niesen in mir. Ein Niesen, daß mich stets befällt, wenn ich meinen Nabel säubere. Das hatte ich vergessen, so wie ich Herrn Wäsch vergessen habe.

Ich hätte Nelly nicht erlauben dürfen, in meinem Nabel herumzukrabbeln.

Ich bete zu Gott, daß die Zeit für einen Groschen im Schlitz des Fernrohrs abläuft, bevor ich niesen muß.

Nein!

Meine Lungen füllen sich mit Luft, mein Mund öffnet sich und meine Augen schließen sich.

Nelly fliegt aus dem Nabel und nimmt unter ihren Fingernägeln Haut von mir mit.

Es schallt von Speyer bis Worms!

Es ist ein gewaltiger Nieser, der die Frauen vor den Haustüren erschrickt und von den Stühlen fegt.

In Kallstadt und Ungstein liegen alle alten Leute auf der Straße und müssen von ihren Kindern aufgehoben werden.

Gesundheit, sagt Nelly.

Danke!

Nelly gibt mir den letzten Groschen zurück. Alle ihre Schulkenntnisse hat sie zweimal geplaudert. Ich habe geniest und sie aus der Nähe meines Himmelreiches vertrieben.

Nelly, sage ich, für zehn Pfennig hätten Sie mehr zu sehen bekommen! Viel mehr!

Sie hört nicht, geht weg.

Nelly, sage ich, ich werde mir etwas anderes ausdenken, aber gehen Sie bitte nicht weg. Möchten Sie vielleicht lieber Kaffee trinken oder ins Kino?

Ach ja! In einen Krimi. Ich mag es, wenn geschossen

wird. Leichen, wissen Sie, Mörder, Blut, und dann immer sagen: Ist ja bloß Kino!

Herrn Wäsch fehlten die Worte, die das aufgebrachte Fräulein mit dem lasziven Blick von ihm erwartete. Außer dem Blick war nichts Aufregendes an dieser Person. Ein langweiliges Weib mit zu tiefem Hüftansatz, zu großem Hintern, zu weißen Händen, einer faden Stimme, von den Kniekehlen gar nicht zu reden, um die dreißig Jahre alt und mit Ansprüchen!
Zum ersten, sagte das Fräulein, sei sie auf Empfehlung in das Reisebüro Wäsch gekommen, zum zweiten habe sie einen Urlaub dringend nötig, drittens, viertens, fünftens, sechstens, siebtens wolle sie nach Senigallia, achtens, neuntens, Herrn Wäsch fiel immer noch keine Antwort ein, zehntens – und das sei eine Unverschämtheit – habe – statt ihr Auskunft über Preise, Klima, Hotels und Badestrand in Senigallia zu geben – dieser Herr dort drüben sie fotografiert.

Du mußt mal nach Italien fahren, hatte eine Kollegin Nelly geraten. Senigallia, dort kannst du was erleben, ich sag's dir, ich weiß es.
Aber mein linkes Auge, hatte Nelly zur Antwort gegeben, du weißt, seit meiner Geburt!
Sonne, hatte die Kollegin gesagt, kauf dir eine schicke Brille mit dunklen Gläsern, die trägt dort jedes Mädchen.
Das hatte Nelly eingeleuchtet. Sie hatte zu sparen und zu träumen begonnen. Sie hatte in Modejournalen geblättert, sich einen Bikini gekauft und noch einen zweiten.

Sie hatte sich über sechs Monate auf einen Urlaub in Senigallia vorbereitet und sich allabendlich nackt betrachtet.

Die Tür knallte zu. Herr Wäsch und Leopold Zündel zuckten zusammen. Die Männer sahen einander an.
Ach, Herr Wäsch, wenn Sie wüßten!
Herr Wäsch wußte nichts.
Der Angestellte Zündel hatte trotz Androhung einer Kündigung zum dritten Mal eine Kundin fotografiert, statt sie zu beraten.
Sie sind ja verrückt, sagte Herr Wäsch und sprach eine fristlose Entlassung aus. Leopold Zündel nahm sie widerspruchslos hin.

Kodak 22 DIN
Blende 2,8
Dreißigstel Sekunde
Nelly taucht in einen Spiegel, haucht gegen das Glas, bis es blind wird und ich sie nicht mehr sehen kann.
Das gefällt mir nicht.
Nelly, sage ich, es ist mein Spiegel, warum verstecken Sie sich darin.
Gekicher.
Gut, dann werde ich Sie wieder rausholen. Sie hätten nicht kichern dürfen, das kann ich nicht leiden. Ich habe es mit Ihnen ernst gemeint. Ich habe Ihretwegen meine Stelle bei Herrn Wäsch verloren.
Ach du lieber Himmel! Der Spiegel läuft abermals an. Insgeheim habe ich Nelly im Verdacht, daß sie ein zweites Mal gehaucht hat. So ein Luderchen!

Mein Finger zieht sich durch die Feuchtigkeit ihres Atems, und schon hört ihr Gekicher auf.

Nelly haucht hintereinander weg. Soll sie!

Ich habe nur ihre Hüften erwischt und bin enttäuscht. Ich habe es nicht gern, wenn ich mich entscheiden muß.

Nelly haucht mit Volldampf.

Nelly geht die Puste aus.

Weiß Gott, ihr Körper ist blaß wie ihre Hände.

Sie liegt still im Spiegel, atmet nicht, haucht nicht, macht gar nichts, ist nur blaß, läßt sich betrachten, ist aus Gips.

Ich denke an Herrn Wäsch und an meine Stelle, die ich um Nellys willen verloren habe.

Zu Hause wird es Ärger geben, ich muß daran denken.

Nelly, sage ich, schämen Sie sich nicht?

Nein! Sie öffnet die Augen, das rechte wie das linke, und taucht aus dem Spiegel.

Nelly, lassen Sie Ihr linkes Auge im Spiegel. Legen Sie es wieder hinein, nein, stellen Sie es besser hinein, so wie es in Ihrem Gesicht steht. Etwas mehr links bitte.

Mein Klappauge?

Ich nicke, kann nicht mehr sprechen.

Die weiße Fahlheit ihres Augapfels, zwei Drittel bedeckt, bringt mich von Sinnen.

Nelly!

Ein Geburtsfehler, wissen Sie. Der Arzt kam zu spät, er soll betrunken gewesen sein, so sagt meine Mama, und hat mich mit der Zange . . .

Pssssst!

Ich presse meinen Körper gegen den Spiegel, hebe ihr

Lid am Kranz ihrer Wimpern ganz zart in die Höhe und schiebe mich vorsichtig in das Schwarz ihrer geöffneten Pupille.

Mein Gott, ruft Nelly, was machen Sie da?

Liebe!

Meine Lippen umschließen das Rund ihrer marineblauen Iris. Nelly stöhnt, Nelly jauchzt, Nelly ist einäugig.

Ich bewege mich in ihrem Blick hin und her. Das Klappauge öffnet sich, weitet sich, nimmt mich ganz auf, bleibt offen.

Du brauchst nicht so vorsichtig zu sein, sagt Nelly.

Augenblicklich überlasse ich mich ganz mir selbst. Schaukel durch ihr kleines Schwarz, halte mich im Takt des flatternden Lidschlages und küsse ihre Netzhaut.

Weiter, sagt Nelly, weiter!

Ich falle ihr rückhaltlos in den Blick.

Ja – ja – ja –, sagt Nelly, das ist wundervoll!

Leopold Zündel ging. Leopold Zündel ging um die Ecke. Leopold Zündel machte einen wunderlichen Eindruck, wie er so ging. Er schlich.

Er schob seinen Bauch, auf der die Kamera lag, Straße um Straße entlang. Vor einem Schaufenster blieb er stehen.

Guck mal, sagte ein Junge zu einem anderen, der fotografiert sich im Spiegel.

Das Dach überm Wasser

Es war ein trübes Wasser, das vor und hinter dem Haus vorbeistrudelte, durch die Fensterritzen schwappte und allerlei mit sich führte.

Müllers Kuh! Die Großmutter kicherte und versuchte, ihre steifen Beine höher zu ziehen. Es gelang nicht.

Am Fenster vorbei schwamm Müllers Kuh, das Euter aufgedunsen und die Zitzen himmelwärts gerichtet, langsam genug, daß die Alte das Tier erkennen konnte.

Eine vom Lande läßt sich nicht täuschen.

Müllers waren also ihre Kuh los. Nicht mal zum Abdecker.

Sie schaukelte auf dem Rücken, die Klauen nach oben, dem Meer zu.

Seit gestern plätscherte das Wasser eine Handbreit über der Scheuerleiste durch die Stube und machte die Großmutter nervös.

»Tini«, schrie sie nach oben, »deine Mutter bekommt nasse Füße!«

Tini gab keine Antwort, hatte zu tun – vereinzelte Rüben im oberen Stock, die dort in gehäufelten Furchen durchs Zimmer wuchsen. Als das Hochwasser kam, hatte Viktor die Erde hinaufgetragen, Grund und Boden gerettet. Er mochte das Säen und Ernten nicht aufgeben, versprach sich den Segen von der Rübenzucht.

Unter der Last von Humus und Lehm bog sich die Zimmerdecke, drohte zu bersten, gab tagtäglich mehr nach, ließ der Großmutter Erde aufs Haar rieseln, schon an die drei Hände voll.

»Tini, Kind, ich ertrinke!«

Am Fenster vorbei, im trüben Wasser, hinter Müllers Kuh, trieb nun auch Müllers Hausrat. Schwamm davon das feine Leinenzeug, den Fluß abwärts zum Meer hin, zu nichts nutze!

Wieder kicherte die Alte und bekam die Beine doch ein Stück höher.

Ihre Handtücher, nur halb so fein, waren noch da, lagen im Schrank, halb so viele, immerhin.

Drei Hände voll Erde.

»Tini, Kind, ich ertrinke!«

»Sie sagt, sie ertrinkt!«

»Ach was, ihre Füße stehen noch nicht mal im Wasser!« Viktor zog eine Rübe aus der Erde, die erste, die in der Stube gewachsen war. Weiß Gott nicht sehr groß, hatte kaum die Länge von Tinis Daumen, war blaß wie ein ausgekochter Knochen, roch faul, war aber eine Rübe.

»Schön?« fragte Viktor.

»Ach«, sagte Tini und legte ein Lächeln in ihr Ach, das Viktor unter den Nägeln brannte.

»Es werden jeden Tag mehr!« sagte er.

»Eine ganze Ladung Rüben!« Sie klatschte in die Hände, öffnete sie und kniff die Augen zusammen, »der ganze Garten voll Rüben und der von Müllers dazu, alles Rüben, unsere Rüben!«

Ihr Rücken reckte sich, wirkte schmaler. Fast zierlich, dachte Viktor. Er hatte Lust, sie zu streicheln, rieb sich den Lehm von den Fingern, fühlte das Brennen unter den Nägeln, vergaß rundherum alles – auch die Rüben.

Da schrie's von unten erneut: »Tini, Kind, ich ertrinke!«

»Sie sagt, sie ertrinkt!«

Viktor sah aus dem Fenster, sagte: »Kann schon sein«, und machte sich wieder ans Rübenversetzen. »Wir haben keine Zeit zu verlieren!«

Tini krümmte den Rücken, Viktor wird es schon wissen.

»Hilf dir selbst«, rief sie der Alten über die Treppe zu, »wir haben keine Zeit!«

»Sie haben keine Zeit!«

Das Wasser drückte die Fensterscheibe ein, schoß in die Stube, zog der Großmutter den Schrei von den Lippen, füllte ihr den Mund und spülte sie mitsamt ihren Handtüchern aus dem Haus hinter Müllers Kuh und Müllers Hausrat her, dem Meer zu. Es riß sie im Kreis, immer linksherum, ohne Pause, trieb sie mit den Strudeln fort, als wollte sie tanzen.

»Großmutter ertrinkt!« schrie Tini.

»Sie hat's ja vorher gewußt«, seufzte Viktor und blieb bei der Arbeit. Rübe um Rübe. Man muß sich zu helfen wissen.

Die Wasserstandsmeldungen gaben den neuen Pegelstand durch: Steigend!

»Wo sind die Kinder?«

»Sie sind in die Schule geschwommen«, sagte Tini, »hoffentlich hält der Kleine durch!«

»Er hat zu spät Schwimmen gelernt!«

»Zu spät?« Tini riß versehentlich ein Büschel Pflänzchen aus, ließ so ein Loch in der säuberlich vereinzelten Reihe entstehen, unterbrach das Ebenmaß und erregte Viktors Unwillen.

»Sieh mal, was du da gemacht hast! Das sind mindestens vier Rüben, die wir jetzt weniger ernten!«

»Vier Rüben!« sagte Tini zerknirscht und versuchte es wiedergutzumachen, arbeitete schneller, »wirklich, Viktor, das habe ich nicht gewollt. Aber Tag und Nacht in den Rüben und dann noch dafür sorgen, daß der Kleine rechtzeitig Schwimmen lernt, das war viel!« Tini sprach leise. Viktor sah plötzlich die Falte neben ihrem Mundwinkel.

»Bist du jetzt böse?« fragte sie noch leiser.

»Natürlich nicht!« Unentwegt mußte er auf die Falte starren. Wie eine Rübensichel hing sie in ihrem Gesicht, machte es noch vertrauter, zeigte geteiltes Los und ihren guten Willen.

»Mach dir nichts draus, Tini, der Junge wird schon durchkommen. Hauptsache, wir haben eine gute Ernte!«

»Ja«, sagte sie erleichtert, krümmte abermals den Rücken und nickte Viktor dankbar zu, »die Großen schwimmen ja gut!«

Die Wasserstandsmeldungen gaben den neuen Pegelstand durch: Steigend! Großmutters Stube ließ die Fische zum einen Fenster hinein und zum anderen heraus. Das Wasser hob die spärlichen Möbel zur Decke und näßte Humus und Lehm von unten. Die Rüben kamen ins Wachsen.

Großmutters Stuhl klopfte von unten gegen die Decke.

»Hörst du?« fragte Tini. »Das bedeutet nichts Gutes!«
Sie betrachtete die nasse Erde an ihren Händen. »Da,
faß mal an – wenn das so weitergeht, werden die
Pflänzchen verfaulen. Nichts ist schlimmer als zuviel
Wasser!«

Viktor fegte Humus und Lehm zur Seite, nahm keine
Rücksicht, zerstörte das Ebenmaß, stieß auf Sumpfi-
ges, hatte die Hände im Wasser.

»Die schönen Rüben!«

Langsam fraß der Fluß die Erde, spülte die Wurzeln
weiß, legte sie bloß, kippte sie um, ließ sie davon-
schwimmen, wie die Großmutter und Müllers Kuh da-
vongeschwommen waren.

Die Wasserstandsmeldungen –

Viktor und Tini knieten im Schlamm.

»Meinst du, der Kleine schafft es bei der Strömung?«
Tinis Augen hingen an Viktor, warteten, er wußte doch
alles.

»Bestimmt, Tini, die Großen sind ja bei ihm, aber unsere Rüben!«

Tini stieg auf den Tisch. Es gelang ihr nicht mehr, an
die Rübenernte zu denken. Das Wasser verdarb ihr die
Gedanken und ängstigte sie.

»Komm«, sagte Viktor und zog die Füße aus
dem Schlamm, »komm, wir gehen auf das
Dach!«

»Ich kann nicht«, wimmerte sie, rittlings in der Luke
hockend, »da oben wird mir schwindlig!«

Das Wasser stieg und Viktor hatte seine Last, bis Tini
endlich auf dem Dachfirst saß, sich dort festkrallte,
zitterte und im Wind wippte.

»Tini, die Rüben schwimmen weg. Tini, unsere Rüben!«

»Geh mir mit deinen Rüben! Meine Mutter ist ertrunken und vielleicht auch der Kleine. Was nützen mir deine verdammten Rüben, hättest du lieber ein Boot für uns gebaut!«

Er beobachtete aus den Augenwinkeln, wie sie langsam zum Schornstein robbte. »Das sagst du nur«, schrie er ihr gegen den Wind zu, »das sagst du jetzt nur, weil du selbst nicht schwimmen kannst! Hast nicht einmal dafür gesorgt, daß der Kleine es lernt!«

Tini war dem Kamin zwei Meter näher als Viktor. »Ich mußte ja jeden Tag für dich in die Rüben!« schrie sie zurück, beeilte sich, vergaß den Schwindel und hatte begriffen, daß nur einer von beiden auf dem Kaminrand Platz finden würde.

Viktor verspürte plötzlich den Wunsch, Tinis Fußsohlen zu kitzeln, mußte lachen, stand auf, balancierte, hob sie blitzschnell empor und setzte sie auf die verrußten Steine, winkte ihr zu und sprang kopfüber ins Wasser. Es riß ihn im Kreis, immer linksherum, ohne Pause . . .

Tinis Schrei sprang ihm nach, half ihm nicht, hing überm Wasser, gehörte auch Tini nicht mehr und versank ganz allmählich im Getöse des nahenden Hubschraubers.

Familienglück

Milchweiße Haut, gelblich im Licht, noch milchweiß, doch sich straffend in Wärme und Hitze, auf die Dauer versprechend zu bräunen. Sternenförmig Pore an Pore, in der Mitte einen Tropfen Fett gebärend, welcher gebraucht wird. Gekreuzte, immer noch milchweiße, über der Brust sich in Wärme und Hitze bereits straffende Gliedmaßen.

Über den Bildschirm flimmert der Mörder. Zwölfter Krimi in der neunzehnten Stunde. Die Kinderchen fiebern nach der Leiche, jauchzen nach Blut, putzen die Brillchen vor den zwinkernden Augen, kauen Fingernägel, zinken ihre Seelen und machen sich fit. Verbrechen ist Verbrechen!

Das Fenster, klein wie ein Bilderbuch, zeigt milchweiß die Haut, die sich jetzt bräunt. Der Mann sitzt in der Hocke. Gieriger Mund, gieriger Blick. Er wird aufpassen müssen, daß ihm die Knie nicht lahm werden. In der Stellung kann kein Mensch lange verharren. Wenn das Fenster nicht wäre!

Mord steht in Aussicht! Schwarz auf weiß kann man hier sehen, was gut ist und was böse.

Herr, erbarme Dich unser, flüstert die Frau aus klebrigen Lippen.

Die Kinderchen jubeln.

Und die Frau steigt samt Pulli und Rock in die Wanne voll Wasser, welches lau ist. Die Wolle saugt Feuchtigkeit, kratzt am Hals, lenkt ab vom Entschluß.
Herr, erlöse mich von ihnen!

Die Kinderchen lachen sich tot.

Wie lange kann man so hocken? Der Mann hat Ausdauer, kann sich nicht satt sehen, muß sich satt essen, muß immer essen, ißt von früh bis spät, frißt. Kommt nicht mehr aus der Küche, paßt nicht mehr durch die Tür.
Nichts mehr von milchweißer Haut. Im Fenster ganz knuspriges Braun.
Mein Gott, hat der Mann einen Appetit!

Nicht zum Aushalten, Herr, erbarme Dich unser!
Der Rock bläht sich überm Wasser, braucht länger, um naß zu werden. Synthetische Faser. Völlerei der Scheunendrescher, die den eigenen Bauch anbeten und ihn füllen Tag und Nacht bis zum Platzen.
Platzt aber nicht!

Denkt an die Trüffel, die jetzt das Duften anheben. Herb und süß aus dem Schoß der Erde, nunmehr im saftigen Leib der Poularde versteckt. Fenster, welches verheißt.
Erstaunlich, wie lange der Mann in der Hocke bleiben kann.

Herr, erlöse mich von ihm, der da den ganzen Tag frißt und nicht mehr durch die Tür passen will, der da dick und dicker wird, der da seinem Appetit nachschleicht und ihm gnadenlos dient, der da seine Gebete in die Kochtöpfe jagt und vor der poulardengefüllten Backröhre kniet, als wäre es der Altar des Herrn.

In spätestens dreißig Minuten wird der Vogel gar sein. Schickt bereits wohligen Dunst von Gesottenem durchs Haus.
Der Mann geht von der Hocke in die Knie. Endlich!

Scharfes Messer, auf dem man nicht nach Rom reiten kann. Der Mörder hat's in der Hand. Heute wird nicht geschossen. Die Kinderchen halten die Luft an, vergessen das Zwinkern, riechen nicht Papas Gesottenes, das aus der Küche kommt, knabbern sich von Fingernagel zu Fingernagel, können es nicht mehr abwarten, sind bumsstill, wollen Tod und Teufel, werden gleich beides haben.

So nimm denn meine Hände! Die zappelnden, Fingernägel knabbernden, augenzwinkernden, mordsfröhlichen, die Mutter vergessenden Kleinen sollen auf ihre Kosten kommen, denkt die Frau und vergißt um ein Haar das Beten. Wird sich doch nicht mit einem Fluch auf den Lippen davonmachen wollen?

Hopp, rufen die Kinderchen.

Die Hände, ganz weiß und ausgelaugt, greifen aus dem kälter werdenden Wasser, zögern nicht etwa, sondern grapschen zu und zerren das Kabel hinein.

Herr . . .

Am Ofen verlöscht die Lampe. Die Poularde ist beim besten Willen nicht gar geworden, da braucht der Mann nicht ins Fleisch zu stechen, das hat er im Blick. Verdammt, paßt doch nicht mehr durch die Tür, kommt nicht an die Sicherungen heran. Der Vogel wird mitsamt den teuren Trüffeln verderben. Aufgewärmtes schmeckt halb so gut!

Mama! Der Mord ist auf der Strecke geblieben. Scharfes Messer sticht nicht, ritzt nicht, schneidet nichts ab und nichts auf, verglimmt nutzlos hinterm Bildschirm im Kurzschluß, der den Kinderchen die Show stiehlt und dem Mann das Essen verdirbt.

»Mit Dauersicherungen«, sagt der Elektriker, »haben Sie weniger Ärger!«

Polizeibericht

Auf ungewöhnliche Art und Weise brachte am Donnerstag ein 32 Jahre alter heimatloser Ausländer seine Abneigung gegen den Fahrer eines Fahrschulwagens zum Ausdruck. Ohne erkennbaren Grund lief er auf den Pkw zu, der in der Kurpfalzstraße für einen Augenblick anhielt, riß dessen Firmenschild ab und schlug es dem völlig überraschten Fahrer auf den Kopf, der dadurch eine Platzwunde erlitt. Auch die Besatzung eines Funkstreifenwagens, die gegen den tobenden Mann einschritt, hatte alle Mühe, ihn zur Wache zu bringen. Sie trug dabei selbst leichtere Verletzungen davon. Da für das seltsame Verhalten des Randalierers keine einleuchtende Erklärung zu finden war, wurde er dem Amtsarzt zur Untersuchung überwiesen. Dieser stellte fest, daß der Mann unter geistigen Störungen litt.

Auf ungewöhnliche Art und Weise brachte am Donnerstag die Hitze den Asphalt zum Schmelzen.
Für den Monat Mai war es seiner Meinung nach zu heiß, oder war es Juni? Zahlen konnte er lesen. Es war Mai.
Die Absätze zeichneten sich im Grau ab. Das war alles, was er hinterließ. Es war das erste Zeichen seiner Existenz in diesem Land. Er zählte die Zahl seiner Schritte und kam bis auf fünfundzwanzig Abdrucke.
Weil ihm die fünfundzwanzig Schritte nicht genug waren, ging er rückwärts und hielt den Verkehr auf.

Dort geht einer rückwärts.
Na, wenn schon.

Er sieht komisch aus.
Er kommt dir nur komisch vor, weil er rückwärts geht.

Auf ungewöhnliche Art und Weise brachte am Donnerstag ein 32 Jahre alter heimatloser Ausländer seine Abneigung gegen die überschaubare Zahl seiner Schritte zum Ausdruck.

Im Gedränge der Fußgänger verlor er die Fährte und verwechselte seinen Absatz mit dem eines Fahrschullehrers, der aus dem Auto stieg, ihm seinen Schritt nahm und ihn plattfüßig fortsetzte, ohne es zu merken.
Eine dumme Geschichte, wie sich später herausstellte.
Er ging nicht mehr rückwärts, stand schrittlos auf dem Bürgersteig, der mit Steinen gepflastert war und deshalb keine Spuren erkennen ließ.
Zwecklos für ihn, dem Fahrschullehrer etwas zuzurufen.

Gehen Sie weiter, Mann, Sie stehen im Weg! Avanti, los, los! sagt der Fahrschullehrer.
Ich hab dir doch gesagt, er sieht komisch aus.
Er ist Ausländer und rückwärts gegangen, das ist alles.

In Klobenstein, oberhalb von Bozen in Italien, läßt sich der schwerhörige Rentner und Urlauber Schleich in der Alten Post von seiner Frau aus der heimatlichen Zeitung vorlesen. Bei Wein und Brot schreit sie ihm langsam lesend folgenden Text in die Ohren:
Auf ungewöhnliche Art und Weise brachte am Donnerstag ein 32 Jahre alter heimatloser Ausländer seine

Abneigung gegen den Fahrer eines Fahrschulwagens zum Ausdruck.

Was sagst du? fragt Rentner Schleich. Der Wein schmeckt ihm gut. Auch sonst fühlt er sich in der Kneipe wohl, da die Tiroler lustig sind.

Es hilft mir nichts, dachte er, immer noch auf der gleichen Stelle stehend, während der Fahrschullehrer Schritt für Schritt seine Spur um das Auto herum in den weichen Asphalt drückte.

Er sah sich um, hörte und begriff nichts von dem, was der Fahrschullehrer jetzt sagte.

Was wollen Sie?

Es kam ihm vor wie Hundegebell.

Der Fahrschullehrer hatte die Zähne gezeigt, die gelblich waren und sicher gut zubeißen konnten.

Mit einem Schritt hätte er sich zurückziehen können.

Ein sturer Typ, dieser Mann. Er rückt dem Fahrschullehrer nicht von der Pelle. Mir wäre das unangenehm, dir nicht?

Ich weiß es nicht. Vielleicht ist er besoffen. Besoffene sind eben so. Steh nicht rum und warte darauf, daß etwas passiert.

Was bin ich, fragte er sich und bekam Angst, kein Mensch zu sein. Niemand verstand ihn, und er verstand niemanden. So kam keinerlei Interesse für seine Person auf, wo immer er sich auch befand.

Hör doch zu, schreit die Frau des Rentners Schleich in Klobenstein ihrem Mann in die schwer hörenden Ohren und beginnt von vorn:

Auf ungewöhnliche Art und Weise brachte am Donnerstag ein 32 Jahre alter heimatloser Ausländer seine Abneigung gegen den Fahrer eines Fahrschulwagens zum Ausdruck. Ohne erkennbaren Grund blieb er plötzlich vor dem Pkw stehen, der für einen Augenblick hielt, riß dessen Firmenschild ab und schlug es dem völlig überraschten Fahrer auf den Kopf, der dadurch eine Platzwunde erhielt.

Donnerkiel, unterbricht der Rentner Schleich seine Frau und schüttelt den Kopf über das, was in seiner Heimatstadt passiert.

Er schlug kein zweites Mal zu, sah nur das Blut des Fahrschullehrers über dessen Gesicht laufen und hatte ein Interesse für sich gewonnen.

Hast du das gesehen?
Natürlich.
Was glaubst du, warum er ihm das Schild über den Kopf geschlagen hat?
Vielleicht ist er durch die Fahrprüfung gefallen und rächt sich auf diese Weise.

Polizei, Hilfe, Polizei, schrie der Fahrschullehrer und drehte sich im Kreis. Menschen sammelten sich an. Eine Frau reichte dem Fahrschullehrer ein Tempotaschentuch. Dem Fahrschullehrer wurde schlecht, als sein Blut den Zellstoff färbte.

Das Schild hatte er noch immer in den Händen, lächelte, fühlte sich sicher, fühlte sich wohl und zählte die umstehenden Menschen an den Köpfen ab.

Wenn du mich dauernd unterbrichst, fährt die Alte in Klobenstein fort, kannst du allein lesen, und schiebt ihrem Mann die Zeitung über den Wirtshaustisch zu. Auch die Besatzung eines Funkstreifenwagens, liest der Rentner Schleich nun selbst, die gegen den tobenden Mann einschritt, hatte alle Mühe, ihn zur Wache zu bringen. Sie trug dabei selbst leichte Verletzungen davon.

Er schlug das zweite Mal nur zu, weil sie ihn anfaßten und von dort wegzerrten, wo er am Ende seiner Schritte Interesse für sich erlangt hatte.

Ich würde sagen, der hat das Schild abgerissen und dem Mann über den Kopf geschlagen, weil er das Auto klauen wollte.

Da für das seltsame Verhalten des Randalierers keine einleuchtende Erklärung zu finden war, wurde er dem Amtsarzt zur Untersuchung überwiesen. Dieser stellte fest, daß der Mann unter keinen geistigen Störungen litt.

El Lequicheri

Ein Sonnenmorgen in Yacuiba. Die Regenzeit ist vergessen. Aus der Flota* steigt Norberto. Tag und Nacht ist er mit dem Bus gefahren, vom Norden kommend, mit drei Fellen unter dem Arm. Ohne zu fragen, geht er in östlicher Richtung über die Berge.

Vor der Tienda einer Cooperativa legt er seine Felle neben die Tür, setzt sich darauf und schweigt. Warum Norberto nach Yacuiba gekommen ist und sich ausgerechnet vor die Tür dieser Tienda setzt, weiß keiner. Nicht einmal seine Herkunft ist zu erkennen. Er trägt weder einen braunen noch einen schwarzen oder weißen Hut, auch nicht die übliche Indiomütze, bunt gestrickt, mit über die Ohren hängenden Klappen. Norberto hat nur eine ungewöhnlich kleine rote Mütze auf dem Kopf. Seine Kleider sind ärmlich. Eine graue Hose, ein Nylonhemd und gegen die Kälte ein mehrfach durchlöcherter grüner Pullover. An den Füßen trägt Norberto das Schuhwerk aller bolivianischen Indios, aus Autoreifen geschnittene Sohlen, die, mit Schnüren versehen, als Sandalen dienen. Außer den drei Fellen besitzt er ein Messer, eine Plastiktüte mit Cocablättern und einen Napf, den er zum Chichatrinken und zum Auslöffeln einer Suppe benutzt.

Rufino, der die Tienda für die Cooperativa verwaltet, ärgert sich über den Fremden vor seiner Tür. Der

* Worterklärungen s. S. 147

hockt da auf seinen Fellen und starrt in den Himmel, als hätte er hier sein Plätzchen zum Sterben gefunden.

»Was willst du hier?«

Norberto holt seinen Blick aus dem Sonnenlicht, heftet ihn auf Rufino: »Arbeit!«

Rufino geht kopfschüttelnd um den Fremden herum. Später vergißt er ihn. Auch der Hund bellt nicht mehr. Hühner picken um Norberto herum, eine räudige Jungkatze kriecht unter seine Felle. Hinterm Haus ist Rufinos Frau beim Wäschewaschen. Kinder kicken eine Konservendose. Blechern setzt sich das Geräusch in Norbertos Ohr fest. Aufmerksam sieht er seinen Fingern durch die Folie der Plastiktüte zu, wie sie die Cocablätter herauszupfen. Nicht zu viele und nicht zu wenige. Dann steckt er die getrockneten Blätter in den Mund, netzt sie mit Spucke, formt das Gekaute zur Kugel und schiebt eine Prise Quinna nach. Langsam fährt der braune Saft durch die Schleimhäute in seine Seele.

Durch die Zeit kehrt Norberto zurück, dorthin, von wo er gekommen ist: die Finca. Don Jaime, die Eltern. Später der Lequicheri, der Menschenfettfresser, vor dem sich das ganze Dorf fürchtete und der Norberto von zu Hause fort, südwärts, getrieben hatte. Der Fluß. In wiederkehrender Pünktlichkeit hielt das Wasser stets alles in Bewegung und sorgte für Leben und Tod, vor dem auch Don Jaime Angst hatte. Die Finca konnte man schon von weitem sehen. Mit vierzehn Arkadenbögen stand das Herrenhaus quer zum Flußbett auf einer drei Meter dicken und zehn Meter hohen

Mauer, an der Jahr für Jahr der Fluß seine Kraft versuchte. Auf der Finca wohnte Don Jaime mit seiner Frau, seinen Kindern, die den ganzen Tag von einem Zimmer ins andere gingen, um auf diese Weise das Haus zu bewohnen. Manchmal saßen sie auch im Garten und betrachteten die gekrümmten Rücken der Gärtner.

In der Herrschaftsküche roch es von morgens bis abends nach Fleisch und frischem Kaffee. Norbertos Eltern und die Geschwister arbeiteten auf der Finca. Tag für Tag kroch der Vater hinter dem Holzpflug und zwei Stieren her, um den Boden umzugraben, der während der Trockenzeit dem Fluß für Don Jaime abgerungen wurde. Die Mutter hütete Ziegen und Schafe, von denen ihr nicht ein Tier gehörte. Am Sonntag wusch sie im Herrenhaus Wäsche, denn das eigene magere Schwein reichte für die Familie zum Sattwerden nicht aus.

Norberto hörte seine Eltern wenig miteinander reden. Hin und wieder war der Vater betrunken. Dann verfluchte er den Fluß und Don Jaime und verprügelte anschließend seine Frau.

Als Norberto und seinen Geschwistern vom ewigen Mais und den Kartoffeln die Bäuche mehr zu wachsen begannen als die Knochen, entschloß sich der Vater, die Gerechtigkeit der Welt wieder herzustellen: Er stahl eine Ziege.

Aber das Tier blökte so jämmerlich, daß Don Jaime aufmerksam wurde. Es gelang Norbertos Vater nicht, rechtzeitig davonzukommen, und so liefen Gutsherr und Campesino eine Strecke lang um die Wette, wobei

Don Jaime, der keine strampelnde Ziege zu tragen hatte, das Rennen gewann. Aber er nahm Norbertos Vater die Ziege nicht ab, sondern nur den Hut. Einen alten, schäbigen, verschwitzten Hut ohne Form und Farbe.

Norbertos Vater stand starr und bat um seinen Hut, statt sich mit der Ziege davonzumachen. Don Jaime lachte fröhlich und ging seiner Wege ohne einen Blick für das Tier. Als der Vater hutlos zu Hause ankam, hing die Ziege schlaff in seinem Arm.

Norberto und seine Geschwister staunten. Die Mutter starrte auf den unbedeckten Kopf ihres Mannes. »Dein Hut«, flüsterte sie entsetzt, »wo ist dein Hut?«

Norberto spürte die Verzweiflung der Mutter, schenkte aber doch mehr Aufmerksamkeit der Ziege, die jetzt in der Hütte herumlief. Norberto fand auch das Fell nicht schlecht.

Die Mutter hob die Arme, kreuzte sie über der Brust und stellte sich an die Wand.

»Bring die Ziege zurück«, sagte sie, »deine Seele verlangt den Schutz deines Hutes, sonst wird sie dir verlorengehen!«

Der Vater fuhr mit den Fingern durch sein blauschwarzes Haar, wie um sich seiner Seele zu vergewissern. Aber er fühlte nichts außer einer ungewohnten Kühle auf der Schädeldecke. Die Kinder sahen ihm zu. Auch sie wußten, daß die Indioseele unter dem Hut lebt und ihn nicht entbehren kann. Der Vater betrachtete die aufgedunsenen Leiber seiner Kinder, sah in ihre hungrigen Augen und verzichtete auf seinen Hut. Er ließ seine Frau das Messer holen, schlachtete die

Ziege und hängte das Fleisch zum Trocknen in den Wind.

Don Jaime wollte den Hut nur gegen die Ziege tauschen, auch als Norbertos Vater behauptete, daß ein Puma sie ihm aus dem Arm gerissen habe.

Von nun an verlor die Seele des Vaters an Kraft, und jedermann im Dorf glaubte insgeheim, daß Norbertos Vater eines Tages ein Opfer des Lequicheri werden könne.

Am Abend kommen die Campesinos zu Rufino, um in der Tienda einzukaufen. Nägel, Maismehl, Reis, Cocablätter und Brot. Flores, der Witwer, kauft nur Schnaps. Zwei Schritt hinter Flores, immer im gleichen Abstand, schleicht barfuß, lautlos Josefita. Kein Lächeln in ihrem Gesicht. Den halbgesenkten Blick ihrer runden Augen auf Flores' Fersen geheftet, verhält sie sich eher wie ein Hofhund als wie ein erwachsenes Mädchen. Ihre Röcke haben die Farbe ihrer Füße, und das Oberteil ihres Kleides hält nur mit Hilfe von Sicherheitsnadeln am Körper fest.

Als Flores vor Jahren die Frau wegstarb und Josefita zur gleichen Zeit ihre Eltern verlor, fuhr er mit dem nächstbesten Camión nach Yacuiba zur Behörde und adoptierte die zehnjährige Josefita. Anderntags holte er sie ab.

Von nun an ging Josefita nicht mehr in die Schule, sondern kochte für Flores, wusch ihm die Wäsche und verrichtete die Arbeit seiner verstorbenen Frau. Auch bezog sie deren Prügel, wenn Flores betrunken war. Einmal lief sie ihm weg. Ein Campesino brachte sie nachts zurück. Darauf verprügelte Flores Josefita noch einmal. Das Geschrei hörten alle Nachbarn. Aber sie nahmen es nicht wichtiger als Hundegebell, drehten sich auf die andere Seite und schliefen weiter.

Als Josefita nicht mehr schreien konnte, hörte Flores mit den Schlägen auf, wischte ihre Tränen weg und sagte: »Was soll ich denn ohne dich machen?«

Flores sieht Norberto draußen auf den Fellen sitzen. Rufino erzählt, daß der Fremde hier arbeiten will, und Flores sagt, daß es hier genug Arbeit gebe, aber keine Pesos.

Er führt das große Wort. Alle hören ihm zu.

Der Voluntario Alemán hat ihm gesagt, daß die Cooperativa vom Staat bezahlte Schweine bekommt. Schweine, erzählt Flores, groß wie Esel und fett wie Stiere. Wenn man ein solches Tier schlachtet, kann die gesamte Cooperativa eine Fiesta von drei Tagen feiern. Man muß nur Ställe bauen und die Tiere füttern, bis sie platzen.

»Wie sollen wir Ställe bauen«, fragen die Campesinos, »und von was? Wir haben kein Geld für Holz und für Draht!«

Und Rufino will wissen, womit diese Wunderschweine denn gefüttert werden sollen. »Von Mais und Kartoffeln«, höhnt Rufinos Frau, »können wir die eigenen Bäuche dick füttern. Dazu brauchen wir keine Schweine!«

Recht hat sie. Flores muß sich mit dem Gringo etwas Besseres einfallen lassen.

Während die Männer in der Tienda über die Vorschläge des Voluntario Alemán diskutieren, hockt Josefita auf der anderen Seite der Tür neben Norberto, hockt mit gespreizten Knien und gefalteten Händen, den Kopf aufrecht in großer Geduld. So sitzen sie lange in gemeinsamem Schweigen. In der Tienda ist es laut. Immer wieder geht es um die Schweine, die Ställe und die Arbeit. Norberto wirft Josefita einen Blick zu. »Ist der Alte dein Vater?«

»Nein!«

»Hast du eine Mutter?«

»Nein!«

»Wen hast du dann?«

Josefita braucht lange für ihre Antwort, hätte vielleicht lieber etwas anderes gesagt. »Ich habe Flores, das ist der Alte da drinnen!« Wieder versinken beide in Schweigen. Papageienschwärme kreischen. Die Sonne kippt hinter den Bergen weg, und die von der Trockenheit aufgerissene Erde bekommt Schatten. Josefita sagt: »Deine Mütze ist schön!«

Sie flüstert, hat mehr laut gedacht, ist erschrocken, auch weil Norberto sofort nach seiner Mütze greift, als wären ihre Worte ein Windstoß.

Natürlich hatte sich Norbertos Vater nach dem Mißgeschick mit Don Jaime wieder eine Kopfbedeckung zugelegt. Aber seine Seele konnte sich an den raschen Hutwechsel nicht gewöhnen. Sie verkümmerte und mit ihr der Vater. Sein Verdienst wurde von Jahr zu Jahr geringer, auch seine Kraft. Die Mutter zeterte, er solle sich nicht nutzlos am Flußufer aufhalten, sonst würde ihm der Lequicheri sein Fett aussaugen. Das war zwar nicht der Rede wert, aber die Wahl des Lequicheri war nicht mehr so groß wie zur Zeit des Chacokrieges. Da krochen die durstenden Soldaten in Scharen den Fluß entlang im verlorenen Kampf um das Meer. In dieser Zeit soll der Lequicheri doppelt so dick gewesen sein.

Auch Don Jaime gab seiner Furcht um Norbertos Vater Ausdruck, und bald glaubte es das ganze Dorf: Der Lequicheri wird sich Norbertos Vater holen. Jeden Tag war Norberto froh, wenn der Vater vom Fluß wieder zurückkam.

Norberto überlegte auch, wie seine eigene Seele zu einer Herberge kommen könnte. Alt genug war er, hütete nicht mehr Ziegen, sondern arbeitete wie alle Campesinos vor der Regenzeit an der Befestigung des Flußufers. Norberto brauchte eine Kopfbedeckung, die seine Seele stärkte. Einen vom Großvater geerbten Hut lehnte er ab. Er fürchtete das Tragen eines Hutes. Die Krempe war gefährlich, hatte sich auch für Don Jaime als äußerst griffig erwiesen. Nein, es mußte eine Mütze sein und möglichst eine kleine. Die Seele würde sich schon fügen. Norberto dachte dabei an eine ganz bestimmte Mütze, die aber saß auf Don Jaimes Kopf.

Norberto lag zwischen dem Geröll im Flußtal, das Ohr auf die Erde gedrückt. Die Uferbefestigung war rechtzeitig fertig geworden, Dornengestrüpp in vielen Schichten übereinandergelegt und mit Steinen beschwert. Noch führte der Fluß kein Wasser, noch wartete man, horchte Tag und Nacht flußaufwärts, bis das große Schauspiel begann. Dann hoffte Norberto, daß die Flutwelle das dreist ins Flußbett gestellte Herrenhaus wegspülte mitsamt Don Jaime und all den anderen.

Endlich spürte Norberto das Zittern, hörte das Dröhnen, das zu einem Donnern wurde und alle guten Geister vertrieb. Übrig blieb der Lequicheri, der Fettfresser. Einen Augenblick dachte Norberto an den Vater, ob er auch vom Fluß weggegangen war. Dann sah Norberto die Flutwelle, hörte die Steine schlagen und fühlte die Kraft des Wassers. Es schoß heran, riß linksseitig Land weg, bis es auf Gestein stieß, zurückflutete und mit noch größerer Gewalt rechtsseitig das Ufer überspülte. Der Fluß raste.

Plötzlich schrie Norberto. Don Jaimes Mützchen schwamm im Wasser, hüpfte auf und ab, verschwand in der dreckigen Gischt, kam wieder hoch und schnellte über die Flußbreite direkt auf Norberto zu. Der stieg vom sicheren Baum herunter, machte sich an die Uferbefestigung heran, kroch auf allen vieren über Steine und Dornengestrüpp. Fingerlang und dicker als jeder Nagel stand Dorn neben Dorn am Zweig. Die rote Mütze strudelte näher. Norberto lag jetzt quer überm Gestrüpp und bemühte sich, so gut es ging, seinen Körper leicht zu machen. Jetzt sah er, daß die Mütze nicht allein schwamm. Sie saß nach wie vor auf dem Kopf von Don Jaime und zeugte somit von der Festigkeit ihres Sitzes. Aus dem aufgerissenen Mund von Don Jaime floß das Wasser ebenso schnell heraus wie hinein. Er machte keine Schwimmbewegungen, wälzte sich hin und wieder, als läge er in seinem Bett. Dann und wann tauchte sein dicker Bauch auf.

Norberto kroch weiter der Strömung entgegen. Don Jaime schoß mit Fahrt, die Mütze auf dem Kopf, der Dornenböschung zu. Norberto biß die Zähne zusammen, dachte nur an die Mütze. Jetzt hatte Don Jaime die Uferböschung erreicht, fuhr mit Schwung in die Dornen, wo er hängenblieb. Norberto griff nach der Mütze und ließ sie in seiner Hosentasche verschwinden. Der tote Don Jaime würde jetzt einen guten Fetthappen für den Lequicheri abgeben und den Appetit vom Vater abwenden.

Als die Flutwelle das Flußtal gefüllt hatte und alles zur Ruhe kam, wurde Don Jaime gefunden. Der Lequicheri hatte weder dessen Leiche geholt, noch von dem vielen Fett gegessen. Wunden waren nicht zu sehen, und auch an Gewicht hatte Don Jaime nicht verloren.

Er bekam eine Beerdigung, an der das ganze Dorf teilnahm. Viel Chicha floß durch die Kehlen der Campesinos. Man redete von Don Jaime wie von einem großen Mann.

Von Norbertos Vater redete niemand, obwohl auch er mit dem Kommen des Flusses verschwunden war. Aber ihn hatte man nicht gefunden. Norbertos Mutter vergoß ihre Tränen ohne Feier und öffentliche Anteilnahme. Der Lequicheri hatte den ausgemergelten Körper von Norbertos Vater dem des dicken Don Jaime vorgezogen.

In der Tienda führt noch immer Flores das Wort. Norberto und Josefita sitzen schläfrig im Halbdunkel vor der Tür. Er auf seinen Fellen, sie etwas weiter weg. Rufinos Frau hat Flores gegenüber mehr Mut als manch einer der Männer.

»Flores«, kichert sie, »fütter du doch die Schweine auf

deinem Hof. Wenn sie so fett werden, wie du sagst, werden wir es dir alle, nachmachen!«

Gelächter. Wer weiß nicht, wie faul Flores ist, und daß er die Hauptarbeit Josefita machen läßt. Die Flasche knallt auf den Tisch. Wenn jetzt niemand einen Einfall hat, wird Flores eine Schlägerei anfangen.

»Hört auf«, schreit Rufino, obwohl nichts weiter geschieht, außer daß Flores seinen Hut fester auf den Kopf drückt.

»Der da«, schreit Rufino und zeigt auf Norberto, »nehmt doch den für die Schweine, der sucht Arbeit!«

Norberto rührt sich nicht. »Flores wird dich fragen«, flüstert Josefita, »aber er wird dir nichts zahlen!«

»He«, ruft Flores zu Norberto hinüber, »kannst du Schweine hüten?« Norberto kann Schweine hüten. Und weil er nicht nach Lohn fragt, ist das eine abgemachte Sache.

Am folgenden Tag wird Flores dem Voluntario Alemán sagen, daß die Cooperativa die Schweine nimmt und es jetzt nur noch um Zäune und Ställe geht. Daß Flores die zusätzliche Arbeit seinem eigenen Konto zuschreiben lassen wird, behält er für sich.

Später schläft Norberto nicht weit von der Tienda unter einem Baum. Immer wieder rütteln ihn Träume wach und richten in ihm großes Durcheinander an.

Mitten in der Nacht bringt Josefita Suppe. Ihr Schritt ist so leise, daß Norberto ihn für den eines streunenden Hundes hält. Glühwürmchen, groß wie Maiskörner, leuchten die Dunkelheit aus, Fledermäuse halten sie in Bewegung.

Josefita hat das Suppenschüsselchen unter ihrem Tuch

verborgen. Kein Ast streift ihren Hut, darauf gibt sie acht. Nichts brächte sie auf den Gedanken, Norberto zu wecken. In einem kleinen Abstand hockt sie sich nieder und wartet, daß er die Augen öffnet.

»Was willst du?«

»Ich hab dir Essen gebracht!«

Die Suppe im Schüsselchen ist längst kalt. Langsam zieht Norberto den Löffel zwischen den Lippen hindurch. Der Reis setzt sich zwischen die Zähne und hält dort den Geschmack. Wenn man ißt, kann man nicht reden. Norberto hat lange nichts gegessen und lange nichts geredet.

Jetzt ist er satt und rückt zur Seite, damit Josefita sich setzt. Der vertraute Geruch von Ziegen weht ihm aus ihren Röcken entgegen. Er holt Cocablätter aus seinem Plastikbeutel, kaut, stößt mit der Zunge die zur Kugel geformten Blätter in die Backe.

So, wie Josefita neben ihm Platz genommen hat, wird sie noch eine Weile sitzen. Ihre Bewegungslosigkeit beruhigt. Auch die Art, wie sie geradeaus in die Dunkelheit sieht und ihn nicht betrachtet.

Stunden später weiß Norberto nicht mehr so genau, was er ihr erzählt und was er nur gedacht hat.

Nachdem Don Jaime ertrunken war und der ausgemergelte Körper von Norbertos Vater ein Opfer des Lequicheri wurde, ging im Dorf und auf der Finca eine Veränderung vor, mit der niemand gerechnet hatte. Es kam kein neuer Gutsherr, der die Campesinos zur Arbeit anhielt und ihnen Brot und Leben zuteilte. Ab nun gehörte alles Land den Campesinos allein. Sie konnten darauf herumfuhrwerken, pflanzen, ernten und selber zusehen, wie sie zu etwas kamen. Kein Don Jaime mehr, kein Nachfolger, sondern die Landreform.

Im Dorf folgte der ersten Ernte schweigendes Staunen und Ratlosigkeit. Die Campesinos hatten verlernt, für sich selbst zu arbeiten. Sie machten nur das Notwendigste, und das war zu wenig.

Nach Don Jaimes Tod wohnte niemand mehr im Herrenhaus. Seine Familie zog weg, in ein anderes Land, wie es hieß. Die Handwerker im Dorf fanden keine Beschäftigung mehr. Sie zogen weg, in die Stadt, wo es noch Herren und deren Häuser gab.

Statt Fronarbeit leblose Stille. Norberto war in Don Jaimes Haus gezogen und trug dessen Mütze.

Was die Besitzer nicht mitgenommen hatten, verfiel. Die Campesinos wußten mit den Einrichtungsgegenständen der Finca-Besitzer nichts anzufangen. Sie stopften die Zimmer voll Maisstroh und stellten ihr Vieh dort unter, wo keine Treppen benutzt werden mußten.

Norberto sorgte für Ordnung, schloß die Türen auf und zu, solange die Klinken funktionierten. Dann ließ er auch das. Ein seltsamer Friede machte sich im Dorf und um die Finca herum breit, der selbst dem Pfarrer nicht gefiel. Er ging mehr auf die Jagd als in die Kirche und schoß im Lauf der Zeit alle Kondore ab, die es in der Gegend noch gab.

Die rote Mütze hatte Norberto kein Glück gebracht. Es gab nicht mal mehr einen Menschen, der sie ihm vom Kopf reißen wollte. Keinen konnte man bestehlen, denn die Campesinos hatten alle gleich viel, fast nichts.

Das änderte sich für Norberto an einem einzigen Tag, besser gesagt in einer einzigen Stunde, vielleicht einer Minute. Er kauerte zwischen den Arkadenbögen im Herrenhaus und träumte über den Fluß weg. Die Regenzeit war vorbei. Weiter südlich verkümmerte der Flußlauf zu brackigen Tümpeln, in denen jetzt Kaulquappen ihr Leben begannen.

Ein Wind tat sich auf, kreiste den Berg hinunter, wirbelte in die Eukalyptusbäume, zog Blätter und Zweige himmelwärts. Es zischte und rauschte, als wäre der Fluß unterwegs. Norbertos Gesicht spannte sich.

Noch nie war ihm eine Windhose so dicht vor Augen gekommen. Jetzt konnte er damit rechnen, den Lequicheri zu treffen, der sich mit Hilfe von Wirbelstürmen Schnelligkeit verschaffte. So jedenfalls erzählten es die Alten: Er setzt sich hinein, läßt sich über Flüsse, Felder und Dörfer tragen und sucht nach fetten Opfern. Natürlich fliegt bei so einer Windhose als erstes der Hut weg. Selbst Mützen sind in Gefahr. Nackt und bloß ist die Seele der Macht des menschenfettfressenden Lequicheri ausgesetzt.

Den Eukalyptusbäumen wehten die Blätter weg. Norberto stellte sich auf das morsche Geländer, klammerte die Hände um die Säulen und konzentrierte seinen Blick auf den Wirbelsturm. Die Sandsäule, zehn Meter hoch, mit Steinen und Kies durchsetzt, fegte im Flußbett auf die Finca zu. Keine Menschenseele war zu sehen, nicht einmal eine Ziege oder ein Schwein. Das Holz bröselte unter Norbertos Füßen. Die Windhose pfiff einen Steinwurf von Norberto entfernt vorbei, stülpte sich einwärts und entließ im lautlos herabfallenden Staub den Lequicheri. Der entstieg dem Wirbelsturm, als handelte es sich um sein Auto, lief auf das Herrenhaus zu, zwischen dessen Arkadenbögen Norberto kauerte, dumm vor Angst und gewiß, bis auf das letzte Tröpfchen Fett ausgesaugt zu werden. Norbertos Kiefer schlugen aufeinander. Seine Hände verloren an Halt. Er fiel hin und sah nun den Lequicheri von unten. Die Füße, übergroß, fanden mehr auf den Steinen als zwischen ihnen Platz. Der breite Körper schwankte. Die Haare, die Norberto besonders in Schrecken versetzten, waren zitronengelb und flatterten in fettigen Strähnen über die Schultern. Aus jeder Pore des roten Gesichtes troff Fett. Dazwischen weiße Eselszähne, deren Biß Norberto schon zu spüren glaubte.

Eilig kroch er rückwärts, fühlte endlich den Treppenabsatz unter den Fußsohlen, drehte sich um und rannte los. Noch nie war Norberto so gerannt, noch nie hatte er so gebrüllt. Von der Finca bis zum Dorf war es nicht weit. Und die paar Leute, die dort wohnten, kamen angelaufen und hörten immer wieder die gleichen Worte: »El Lequicheri, el Lequicheri!« Mehr brauchte Norberto nicht zu rufen. Alle wußten Bescheid. Sie schlüpften in ihre Hütten, verrammelten die Türen und bewegten sich nicht.

Nur Norbertos Mutter verhielt sich anders, griff in den Beutel zwischen ihren Röcken, holte Erspartes heraus und gab dem Sohn davon. Norberto nahm seine drei Felle. Sie sprachen kein Wort, sahen sich an und trennten sich.

Einmal schüttelte Josefita den Kopf, einmal lächelte sie. Als Norberto nichts mehr sagt, verläßt sie ihn. Traumlos schläft er bis zum Morgen.

Am nächsten Tag verpflichtet sich Flores, die Versorgung der Schweine zu übernehmen. Von Norberto wird nicht gesprochen. Die Mitglieder der Cooperativa sind sich schnell einig. Zwischen den Hügeln gibt es genug unfruchtbaren Boden. Dort sollen die Ställe hin. Bretter, Pfähle und Draht bringt der Gringo mit dem Jeep herauf, und zweimal in der Woche wird er vorbeikommen, um Flores behilflich zu sein.

Norberto sägt, nagelt, baut Tag für Tag, ohne Geld zu sehen oder den Voluntario Alemán. Er ist der Dumme, schläft hinter den neuen Ställen, in die er der Länge nach hineinpassen würde, aber nicht in der Höhe. Norberto ißt die Suppe, die ihm Josefita im Auftrag von Flores bringt. Und in der Stille der Arbeitspausen kaut er den Rest seiner Cocablätter.

Zwischen den Hügeln wächst gelber Sand. Über den Hügeln schwatzen Kolkraben. Jeden Morgen zur gleichen Zeit kommt Josefita, wartet, vor Norberto hockend, bis er gegessen hat, sieht ihm zu, wie er schluckt. Zweimal haben sich bisher ihre Blicke getroffen, obwohl sie ihm schon siebenmal Essen gebracht hat. Heute ist es der zweite Blick.

»Nächste Woche«, sagt Josefita, »kommen die Schweine!«

Norberto nickt. Also werden die Schweine kommen, andere Gerüche und Arbeit bringen. Gerne würde er etwas darüber zu Josefita sagen, aber nichts fällt ihm ein.

»Die Leute von der Cooperativa«, sagt sie, »die haben dich vergessen. Warum gehst du nie in die Tienda?«

Auch darauf weiß er nichts zu antworten. Ihre harten Hände auf seinem Arm sind ihm angenehm. Er hört mehr ihrer Stimme als ihren Worten zu. »Sie werden vergessen, daß Flores dir kein Geld zahlt und selbst kassiert. Sie werden sagen, du bist dumm!«

Norberto gräbt nach Worten und kommt zu dem Ergebnis, daß ihm das egal sei.

»Für die Schweine werden sie einen Hirten nehmen!« sagt Josefita. Abermals nickt Norberto. Ewig nickt er, als wenn er nichts anderes zuwege brächte. Josefita verliert ihre Scheu und erzählt, was sie weiß und worüber sie nachgedacht hat: Flores legte es darauf an, daß der Voluntario Alemán Norberto nie zu Gesicht bekam. Flores gab sich großspurig für alles verantwortlich, was die Schweine betraf, auch für die Arbeit. Und weil sie von Norberto gründlich verrichtet wurde, ergaben sich weder Fragen noch Klagen. Wenn sich Norberto nicht zur Wehr setzte, würde Flores schon dafür sorgen, daß alles so bleibt, wie es jetzt ist.

Wehren? Allein die Vorstellung macht Norberto hilflos. Was will Josefita von ihm?

»Der Voluntario muß wissen, daß du die Schweine versorgen wirst. Dann bist du Mitglied in der Cooperativa und bekommst dein Geld wie die anderen auch!«

»Mitglied – ich?« Norberto schiebt die Cocablätter von einer Backentasche in die andere. »Ich kann nicht schreiben!«

»Ich auch nicht!« Josefita sieht Norberto an. Plötzlich lachen sie, berühren sich voller Freude.

Drei Ställe sind fertig, die Zäune sind gebaut. Morgen, so heißt es in der Tienda, bringt der Gringo die Schweine, die zwischen den Hügeln so dick gefüttert werden, daß sie nur noch liegen können.

Zum ersten Mal hat sich Norberto von Flores nicht wegschicken lassen. Er hat auch nicht gesagt, daß er bliebe. Er hat gar nichts gesagt, seine Mütze zurecht gerückt und sich seitlich in den Hügeln versteckt. Dort sitzt er im Schatten der Büsche, in Gedanken mehr bei Josefita als bei den Schweinen.

Das Motorengeräusch eines Jeeps fährt in die Stille, ein Camión folgt. Rufe, Pfiffe, Grunzen, Quietschen. Norberto geht zu den Ställen zurück. Flores hat die Türen geöffnet, ist ganz drauf aus, Lob und Anerkennung für Norbertos Arbeit einzustecken.

Fünf Schweine galoppieren, Leib an Leib, hügelaufwärts. Noch nie hat Norberto so dicke Schweine gesehen. Und die sollen noch dicker werden? Die runden Leiber sind kaum behaart, die Bäuche hängen zwischen kurzen, aber flinken Beinen. Die Hinterteile sind rund, prall und haben nichts mit einem Esel zu tun, auch nichts mit einem Stier.

Flores schreit hü und ha, um die Tiere in ihre Kojen zu bugsieren. Norberto schreit mit und nutzt die Gelegenheit, eines der Tiere anzufassen. Festes, vielversprechendes Fleisch.

»Was machst du hier?« herrscht ihn Flores an. »Hau ab!«

Aber Norberto hört nicht, krallt sich in die kümmerlichen Borsten eines Schweines, läßt los, will weg, weiß nicht wohin. Rundum stehen die Campesinos der Cooperativa, lachen, brüllen, jagen nun nicht mehr die Schweine, sondern Norberto. Angst treibt ihm die Zunge zwischen die Zähne und verhindert den Schrei.

Hinter den fetten und dicken Schweinen läuft der Lequicheri, schwingt seinen breiten Körper auf den zu großen Füßen von rechts nach links. Er kommt näher. Sein zitronengelbes Haar ist beschnitten, auch das Fett tritt zur Zeit nicht aus den Poren. Aber die Eselszähne, die sitzen hinter den Lippen und blecken Norberto an. Hier nützt auch Don Jaimes Mütze nichts mehr. Norbertos Seele verliert an Kraft. Die Schweine waren also nur eine Falle. Norberto hebt die Hände. Er setzt sich zur Wehr! Josefita tippt dem Lequicheri auf die Schulter. Wahrhaftig, sie faßt ihn ohne Angst an. Aber damit nicht genug, Josefita zeigt auch auf ihn. Der blaue Blick des Lequicheri bohrt sich in Norberto fest. Der fühlt das Fett seines Körpers schwer und die Seele leicht werden. Josefita hat ihn dem Lequicheri zugeführt, ihn herangefüttert. Fett gemacht wie die Schweine. »Hast du die Ställe gebaut?« fragt der Lequicheri in merkwürdig fremdklingenden Lauten.
»Ja!«

Flores knallt wütend die Türen hinter den Tieren zu. »Ach was«, schreit er, »zur Hand ist er mir gegangen, hat sich durchgefressen!«

Wieder tippt Josefita dem Lequicheri auf die Schulter, schüttelt den Kopf, sagt laut und für jeden verständlich, daß Norberto die ganze Arbeit allein gemacht habe. Wenn es den Mitgliedern der Cooperativa recht wäre, würde Norberto auch künftig die Schweine versorgen.

»Das ist eure Sache«, sagt der Lequicheri, sieht in die Runde und läßt seinen Blick kurz auf Flores' Bauch hängen. Über Norbertos Rücken zieht sich eine Gänsehaut.

Da reißt der Lequicheri seine Eselszähne schon wieder auseinander, spuckt Laute wie gekautes Coca aus, sagt: »Wenn der hier für die Cooperativa arbeitet, muß er auch Mitglied werden und seinen Anteil bekommen!«

Die Schweine beschnüffeln ihr neues Gehege, grunzen und schleppen ihre Leiber hin und her.

Die Campesinos sehen sich an. Wer sein Tagwerk an Land zu bearbeiten hat, wird kaum Zeit haben, hier oben, weit ab von den Feldern, die Schweine zu hüten. Blick auf Blick fällt Flores zu, der das Geschäft auf Kosten von Norberto angezettelt hat. Der Lequicheri ist schlau. Er überläßt die Entscheidung den anderen. Nicht, daß er sich geradewegs in eine Windhose setzt und davonwirbelt, aber er geht großen Fußes hügelabwärts und verschwindet im Motorengeräusch. Norberto atmet auf. Flores muß mit den Blicken der Campesinos fertig werden, auch mit dem Blick Josefitas.

»Was will der vom Norden«, brüllt Flores los, obwohl in der Stille zwischen den Hügeln niemand zu brüllen braucht, »der kann ja nicht einmal schreiben!«

Rufino lacht, hat nämlich Rechnen und Schreiben gelernt. Die anderen bleiben stumm, bringen nicht mal ein Grinsen auf.

Flores hat aufs falsche Pferd gesetzt. Norberto war es, der für Suppe und ein paar Cocablätter der Cooperativa die Ställe gebaut hat.

Die Schweine haben sich beruhigt, reißen die Augen

auf und sehen Norberto an. Ihre Bäuche sind in frisch gegrabenen Kuhlen zur Ruhe gekommen.

Am Abend wird man sich in der Tienda zur Reunión treffen und hören, was der Voluntario zu sagen hat.

Nach und nach verlassen die Campesinos den Schauplatz, gehen nach Hause. Flores ruft Josefita. Die hört nicht auf ihn, steht außerhalb der letzten Koje neben der Tür, als gelte es jetzt, Norberto einzufangen und fettzufüttern. Ein Gedanke, von dem er sich nicht lösen kann. Josefita kommt auf ihn zu, ist immerfort in Bewegung mit ihrem Lächeln und ihren Röcken.

»Du mußt auch zur Reunión!«

»Nein«, sagt Norberto. Weiß er denn, ob Josefita und der Lequicheri nicht gemeinsame Sache machen? Mit der Mütze auf dem Kopf ist Norberto auf der Hut.

»Wer«, fragt er, »wer ist der mit den gelben Haaren?«

Ein Lächeln. Noch nie hat Josefita so lange an einem Stück gelächelt. Dicht vor ihr, könnte er ihr den Hut herunterreißen. Dem Frieden hier traut er nicht.

In die Stille flüstert Josefita, daß der Gelbhaarige der Voluntario Alemán sei.

Endlich stellt sie ihr Lächeln ein, nimmt Norberto an der Hand und zieht ihn hinter sich her, an den Schweinen vorbei, zwischen den Hügeln hindurch zur Tienda.

Die Reunión ist in Gang gekommen. Natürlich geht es um die Schweine.

Flores ist wütend. Kein gutes Haar läßt er an Norberto. Nicht einmal schreiben könne der!

»Das stimmt«, sagt Norberto unerwartet. Ruhig sieht er einen nach dem anderen an. »Ich kann nicht schreiben!«

Flores schnaubt etwas von einem Idioten, dem die kostbaren Tiere keinesfalls anvertraut werden dürften. Wieder ist es Rufinos Frau, die Flores ins Wort fällt.

Schreiben, sagt sie, könne auch sie nicht, habe aber trotzdem Rufino die Kinder großgezogen, das Haus versorgt und auf dem Feld gearbeitet. Das sei also kein Grund, Norberto die Tiere nicht anzuvertrauen. Wichtiger sei, ob ein anderes Mitglied der Cooperativa die Schweinearbeit übernehmen wolle? Kopfschütteln rundum. Keiner will es.

»Wer aber«, Rufinos Frau hat sich in die Mitte gedrängt, »wer wird Norberto versorgen? Die Schweine wird er füttern, aber wer füttert ihn? Ein Mann, den keine Frau füttert, der verrichtet seine Arbeit schlecht!«

»Richtig!« Flores stimmt zu. »Dort oben ist allein nicht zu leben. Norberto muß eine Frau haben, die aber hat er nicht!«

Flores schluckt Schnaps, daß es alle hören.

»Doch«, sagt Josefita zu Flores, »die hat er!«

Stille. Rufinos Frau klappt den Mund zu. Jeder starrt Josefita an, die mehr oder weniger Flores gehört, und jeder erwartet, daß Flores sie nach Hause schickt oder ihr verbietet, noch mehr zu sagen.

Josefita wechselt den Standort, geht vor aller Augen von Flores zu Norberto. Rufino schiebt den Hut aus der Stirn.

»Von mir aus gesehen«, sagt der Voluntario Alemán, »ist die Sache in Ordnung!«

Darauf bricht unvermutet Fröhlichkeit aus, die Norberto nicht begreift. Jemand klopft ihm auf die Schulter. Ein anderer reicht ihm die Flasche. Der Lequicheri ruft Salud, und Flores torkelt laut fluchend, allein gelassen, ohne Magd aus der Tienda.

Neben Norberto steht Josefita mit ihren nach Ziegen duftenden Röcken. Norberto trinkt den Männern zu, auch dem Lequicheri, wobei er ein kleines Zittern der Hand nicht verhindern kann. Der Schnaps schwappt.

»Komm«, sagt Josefita und berührt seinen Arm, »komm, wir gehen nach Hause!«

Assoziationen zu der Fluchtszene aus »Hermann und Dorothea«

Traurig war es zu sehn, die mannigfaltige Habe,
Die ein Haus nur verbirgt, das wohlversehne, und die
                                                    ein
Guter Hirt umher an die rechten Stellen gesetzt hat,
Immer bereit zum Gebrauche, denn alles ist nötig
                                          und nützlich,
Nun zu sehen das alles, auf mancherlei Wagen und
                                               Karren
Durcheinandergeladen, mit Übereilung geflüchtet.
Über dem Schranke lieget das Sieb und die wollene
                                               Decke;
In dem Backtrog das Bett, und das Leintuch über
                                         dem Spiegel.
Ach! und es nimmt die Gefahr, wie wir beim Brande
                                         vor zwanzig
Jahren auch wohl gesehn, dem Menschen alle Besin-
                                               nung,
Daß er das Unbedeutende faßt und das Teure zu-
                                           rückläßt.
Also führten auch hier, mit unbesonnener Sorgfalt,
Schlechte Dinge sie fort, die Ochsen und Pferde be-
                                          schwerend:
Alte Bretter und Fässer, den Gänsestall und den
                                               Käfig.
Auch so keuchten die Weiber und Kinder mit Bün-
                                   deln sich schleppend,
Unter Körben und Butten voll Sachen keines Ge-
                                          brauches;
Denn es verläßt der Mensch so ungern das Letzte der
                                               Habe.
Und so zog auf dem staubigen Weg der drängende
                                           Zug fort,
Ordnungslos und verwirrt. Mit schwächeren Tieren
                                           der eine,
Wünschte langsam zu fahren, ein andrer emsig zu
                                             eilen.

Fluchtszene aus »Hermann und Dorothea«, Erster
Gesang. *Johann Wolfgang von Goethe,* 1797

Er saß mit dem Rücken in Fahrtrichtung, denn so konnte er dem besser nachsehen, was er zurückließ. Die Stimmen der Nachbarn im Ohr, hielt er die Uhr fest in der Hand.

Bleibt hier, Perka, hatten diese und jene gesagt, bleibt hier – Ihr seid ein alter Mann. Was wollt Ihr noch dort, wo Ihr einmal hergekommen seid!

Macht mir den Vater nicht verrückt, schimpfte die energische Tochter, von Polaken läßt sich unsereins nicht regieren, da machen wir uns lieber freiwillig fort!

Sie zog der Kuh eins über. Das milchleere Euter klatschte gegen die Beine, die Töpfe schepperten im Wagen, und dem Alten glitt fast die Uhr aus der Hand.

Aber umgekehrt, das schmeckt Euch, was?

Der das sagte, griff der Kuh nach den Hörnern, daß der Wagen still stand, spuckte weit aus über den Schwanz des Tieres hinweg auf die Mitte der Deichsel, vor die Füße der Tochter. Den Blick fest auf deren Gesicht gerichtet, fuhr er auf polnisch fort: Solange die Welt die Welt sein wird, wird der Deutsche dem Polen kein Bruder sein!

Für solches, schrie die Tochter aufgebracht, hat Euch unser Kaiser das polnische Königreich geschenkt? Nein, sagte der Pole und ließ die Kuh gehen, für solches nicht – für Soldaten!

Hü! Die Uhr in Perkas Hand kam abermals ins Rutschen. Nichts als die Uhr, nichts als verlorene Zeit, die er jetzt mit sich zurück nach Schlesien nahm, von wo er als Kind mit den Eltern als Siedlerfamilie nach Polen gekommen war.

Ich will hierbleiben, schrie er in plötzlicher Wut, hier in Lodz! Er krabbelte, die Uhr unterm Arm, vom Wagen und brüllte noch lauter, hier bin ich wer!

Ja, höhnte die Tochter, ein Pole, ein nichtsnutziger. Sie zerrte den Vater auf den Wagen zurück, band ihn mit Stricken an Händen und Füßen bäuchlings über das Bettzeug fest und drohte ihm Schlimmes an, wenn er nicht endlich Ruhe gebe.

Und spärlich waren die Wagen, die mit ihnen auf den staubigen Wegen im Jahre 1916 westwärts zogen. Ordnungslos und verwirrt Perkas Gemüt, der nicht mehr in der Lage war, seine Uhr aufzuziehen, während die Tochter emsig und voll guten Willens die magere Kuh antrieb.

1945

Es war ein bitterkalter Januarmittag des Jahres 1945, als sie das Gutshaus verließ. Die große eisenvergitterte Glastür mit den verschnörkelten Initialen unter der pompös geschmiedeten Krone schepperte klirrend ins Schloß.

Pawlak, sagte die Baronin, passen Sie auf, daß die Russen nicht alles abbrennen!

Pawlak spürte, die Mütze in der Hand, die Lächerlichkeit dieses Auftrags und erschrak darüber. Ihr Gepäck, Frau Baronin, sagte er schnell, soll ich es holen?

Sie zeigte auf eine kleine Ledertasche. Danke, Pawlak, mehr als das hier kann ich nicht tragen!

Dann setzte sie sich neben den Kutscher des ersten Treckwagens, der beißenden Kälte ausgesetzt, tannengerade, schweigsam und ohne Klage. Im Innern des

Wagens waren Menschen und Habe in Übereilung durcheinandergeladen, Nützliches und Unbrauchbares übereinandergetürmt, ohne Erfahrung, was wichtig war und was nicht.

Nach den ersten hundert Kilometern starben die Alten weg. Der Eile halber blieben sie am Straßenrand liegen, während die Mütter ihre toten Säuglinge heimlich in Tücher gewickelt mitschleppten. Der Kälte wegen drückte man ein Auge zu. Einmal mußte es einen Halt geben, eine Bleibe und auch einen Friedhof.

Woche um Woche saß die Baronin, ihr Ledertäschchen im eisernen Griff der Greisenhände, neben dem Kutscher. Hinter sich in dem Wagen Heulen, Zähneklappern, Hunger, Krankheit, und das, wie es schien, ohne Ende.

Da faßte die Baronin einen Entschluß, ließ den Treck halten und machte sich auf zum nächstbesten Dorfschulzen. Hier, sagte sie mit ihrer mickrigen Greisenstimme, während sie das Ledertäschchen über den Amtstisch hinweg dem Amtsmann zuschob, dafür bleiben meine Leute in Ihrem Dorf!

Zwischen den dicken Fingern des Dorfschulzen rutschten die Perlen, Saphire und Smaragde hin und her. Ketten, Ohrgehänge, Broschen. So etwas Wertvolles hatte er noch nie in Händen gehabt, wirklich nicht.

Erst Monate später wurde die Baronin von ihren Angehörigen aus dem Westen gefunden. Just ruhte sie sich vom Holzsammeln aus und wärmte sich zufrieden in der Frühjahrssonne, als der Enkel nach Wohlergehen und dem Verbleib des Schmuckes fragte.

Danke, es geht mir gut!

Und der Schmuck?

Ach, sagte sie und wackelte mit ihrem Vogelkopf, der ist weg. Ich fand ihn wertlos, denn wann, mein Sohn, sollte ich den je noch tragen können?

Und sie begann ihr Reisig zu bündeln und säuberlich an der Hauswand zu stapeln.

1945

Die Juszkowa sprach nicht viel. In unbesonnener Sorgfalt trug sie zwei Hühner aus Brody bei Tarnopol mit sich. Zwei von Zehnen lebten noch, während das Teuerste, was sie besaß, in Brody geblieben war. Juszko, ihr Mann, trug das Bettzeug. Der Zug ratterte ohne Unterlaß Tag und Nacht des Jahres 1945 gen Westen.

Habt ihr denn keine Kinder?

Antworten hatten hier Zeit, und so sagte die Juszkowa anderen Tags zu dem, der sie gefragt hatte: Die sind in Brody geblieben!

Was denn, wollte der wissen, sollen denn eure Kinder Russen werden? Sie sind es schon, sagte die Juszkowa eigentümlich. Still, Mutter, fuhr ihr der Mann dazwischen. Aber die Juszkowa war ins Reden gekommen.

Die Köpfe meiner Kinder, sagte sie, stecken mit den Köpfen aller Kinder von Brody in den Blumenkästen vor den Häusern. Sie sah rundum, befriedigt von dem Entsetzen, das ihre Worte auslösten. Es waren die ukrainischen Aufständischen. Sie haben unseren Kindern die Köpfe abgeschlagen und in die Blumenkästen der Eltern gepflanzt. Vielleicht werden so Russen aus ihnen!

Still, Mutter, sagte der Juszko, so darfst du nicht reden!

Der Zug rollte. Viele Züge rollten. Anderthalb Millionen Repatrianten, wie sie hießen, die zurückgeführt wurden nach Breslau, Oppeln, Kattowitz, Grünberg – wo sie nie hergekommen waren. Bäumchen, Bäumchen, wechsel dich! Wenn du Pole bleiben willst, mach dich auf die Reise!

Hinterm Bug hast du den Krieg verloren – da gibt's nichts!

Als der Zug westwärts der Oder-Brücken hielt und wohl auch nicht mehr weiterfuhr, stieg Juszko aus und sagte zu seiner Frau: Komm, hier ist unsere neue Heimat!

Und während die Juszkowa am Bahnhof wartete, ging der Juszko die neue Heimat suchen. Am Abend kam er zurück und holte seine Frau ab. Er führte sie in ein Haus ohne Fenster und Türen, in einen Stall ohne Vieh und in eine Scheune ohne Stroh.

Das soll ein Zuhause sein, fragte die Juszkowa tonlos.

Warte! Und Juszko zog sie hinter die Scheune. Dort zeigte er auf die unbestellten Felder, die Quecken und das Unkraut, als wären es Rüben und Weizen. Das ist jetzt unser Land, Mutter, denn ein Bauer ohne Land muß verhungern. Wir werden von vorne anfangen, das Haus reparieren, den Garten bepflanzen, ein Schwein haben und sicher auch eine Kuh.

Aber die Juszkowa hörte ihm nicht zu.

Sie drehte sich um und schlurfte an Unrat und Zerstörung vorbei über den Hof durch das fenster- und türenlose Haus, daß es dem Juszko fast die Besinnung nahm. Plötzlich aber hörte er sie schreien, grell und maßlos. Er fand sie im Garten auf dem Bauch liegen, die Arme um einen Blumenkasten geschlungen. Ihre Lippen, von Erde und Tränen verschmiert, küßten in schneller Abfolge und mit großer Zärtlichkeit die kleinen Blüten der Krokusse, die – noch von der deutschen Bäuerin im Herbst gesteckt – jetzt blau, gelb und weiß aus der Erde wuchsen.

Moi dzieci – meine Kinder, murmelte sie – moi dzieci!

Sei still, Mutter, sagte Juszko entsetzt und hob ihren Kopf aus dem Blumenkasten. Da lächelte sie, nicht viel, unter Tränen.

Ist gut, Vater, flüsterte sie, wir bleiben hier – hier, wo unsere Kinder sind!

1974

Seit Ludwig denken konnte, hatte er sich zu Hause Besuch gewünscht. Viele Leute, die lachten, Wodka tranken und sangen, so wie er es von Boleks Eltern her kannte. Da war immer etwas los!

Nun, heute war auch bei Ludwig zu Hause etwas los. Die Tür wollte nicht stillstehen. Alle wußten es auf der Straße.

Die Dudas hatten ihre Ausreisepapiere bekommen. Die Dudas fühlten sich als Deutsche, wie Pan Duda plötzlich zugab. Die Dudas hatten eine Tante in der Bundesrepublik. Die Dudas ließen alles da. Die Dudas verkauften und verschenkten, was nicht niet- und nagelfest war.

Ludwig sah zu, wie die Nachbarn geschwätzig das wegtrugen, was seit zwölf Jahren zu seinem Leben gehört hatte, zu der Mutter und zu dem Vater.

Na, Lutko, sagte die Matka von Bolek, wer wird denn

so ein Gesicht machen? Sie streichelte im Vorübergehen seinen Hinterkopf, während sie in Körben und Kisten seine Kinderwelt aus der Haustür schob. Drüben in der Bundesrepublik wirst du viel schönere Sachen haben! Freilich, freilich, fiel die Mutter ein und zog ihren Ludwig an die Brust, zu Hause in Deutschland ist alles besser! Aber weil sie es auf deutsch sagte, verstand er sie nicht.

Traurig war es zu sehen, wie da aus dem Lutek ein Ludwig gemacht wurde, ohne daß dieser sein Glück zu kapieren schien. Im Gegenteil, er stellte einen Trübsinn zur Schau, als hätte er seine Zukunft schon hinter sich.

Als im Sommer des Jahres 1974 Herr und Frau Duda mit Sohn Ludwig das Friedlandlager verließen, sagte die Mutter zum Sohn: Wenn wir unter Leute kommen, ist es besser, du machst den Mund nicht auf, schließlich sind wir Deutsche!

Von da an sagte der Ludwig kein Wort mehr und dachte ohne Erfolg darüber nach, wieso er in Polen ein Deutscher und in Deutschland ein Pole war, aber nicht in Polen ein Pole und in Deutschland ein Deutscher sein konnte.

Sprachlos drückte er sich durch die Straßen, und mit der Zeit wuchsen ihm die Lippen zusammen. Seine Ohren gewöhnten sich das Hören ab, und so blieb ihm nichts weiter übrig als nur noch zu betrachten, was andere besaßen und was bei ihm irgendwo auf der Strecke geblieben war – das Zuhause!

Gotthilf, dem Maleck über den Kopf wuchs

Obwohl das Pflaster auf Malecks Hals elastisch war, spannte es bei der kleinsten Bewegung. Zur Hälfte sah es unter dem Hemdkragen hervor, zog die Blicke auf sich, zeigte und verbarg den Beweis von Gotthilf Malecks großer Tat.

»Ja, unser Gotthilf!« sagte Popp der Wirt und spendierte abermals ein Viertel. Mittlerweile das dritte. Maleck spürte den Bauch von Popp dem Wirt warm und weich im Rücken, als er ihm das Glas über die Schulter reichte. Popps Bauch gab Vertrauen.

Sie alle kannten das Gefühl von Popps Bauch im Rükken, denn sie saßen seit Jahr und Tag wöchentlich zweimal am runden Tisch der kleinen Kneipe, in der Popp dem Wirt wenig Platz für Bedienung blieb. Aber sie hatten sich an die Enge gewöhnt wie an Popps Bauch, der gleichermaßen in den Jahren mit ihrer Freundschaft gewachsen war.

Malecks Hals zuckte, das Pflaster spannte. Freund Hermann hob das Glas. »Prost, Gotthilf!«

Maleck trank zügig und hielt den Kopf, so gut er konnte, still.

Ja, der Hermann, das war schon einer, hatte ihm, Gotthilf, damals die Lotti ausgespannt, obwohl Gotthilf schon die Ringe gekauft hatte. Lotti . . .

Vier Kinder, eines davon vor der Ehe. Die Freunde hatten sich geeinigt, Hermann bekam die Lotti und Gotthilf einen um den anderen Sonntag ein deftiges

Mittagsmahl am gemeinsamen Familientisch, von Lotti mit Liebe zubereitet. Ja, ja, der Hermann.

»Prost, Gotthilf!«

»Prost, Hermann!«

Unterm Pflaster pochte es. Aber dem Hannes wollte Maleck nichts schuldig bleiben. Hannes brauchte seinen Freund Maleck, mußte jemanden haben, bei dem er sich auskotzen konnte und sein Selbstvertrauen abholte. Maleck brauchte gar nicht viel zu fragen, ließ Hannes nur kommen, und der kam.

Nächte hatten sie gemeinsam durchwacht, durchsoffen, zerredet und schließlich mit Gotthilf Malecks Rat gekrönt, den Hannes brauchte und den der Freund zur Hand hatte.

Maleck hielt den Kopf weiterhin still. Brauchte nicht rechts und links zu gucken, hatte Freundschaft unter Beweis gestellt und blieb sich auch beim vierten Viertel Wein der guten Tat bewußt.

Popps Bauch ging um, schubste und drückte vertraut von Rücken zu Rücken. Viertel um Viertel.

»Auf meine Rechnung!« Maleck schlug mit der Faust auf den Tisch. Das Pochen ließ unterm Pflaster nicht nach, gab die Erinnerung frei, bis Hannes und Hermann das Gähnen ankam. Macht nichts! Hier blieb Gotthilf der Held, ließ sich deshalb auch von Popp ein Viertel zahlen und hörte dem alten, mittlerweile ganz betrunkenen Stegemann zu, wie der zum hundertsten Mal von der großen Tat berichtete.

»Geh ich doch mit meinem Bello, wie ich jeden Abend gehe . . .« begann der alte Stegemann. Maleck setzte sich zurecht.

Die Freunde grinsten gutmütig, und der alte Stegemann fuhr fort: ». . . wie ich jeden Abend Gassi gehe. Nicht weit, ihr wißt ja. Bin da schon abends gegangen, da habt ihr euch noch in die Hosen gemacht. Alle, wie ihr da seid. Also ich gehe . . .« Der alte Stegemann nimmt einen Schluck, stößt auf und zutscht mit der Zunge die künstlichen Zähne entlang. »Kommt doch so ein versoffenes Schwein auf uns zu, kann vor Schnaps den Bello nicht sehen und stolpert über den Hund. Der beißt, ist schließlich ein Hund. Ich sage: Passen Sie auf, Mann! Der sagt: Scheißköter, und tritt dem Bello ins Kreuz, daß der schreit, der Bello. Na, was soll ich alter Mann über siebzig machen? Gar nichts! Aber auch das ist für unsereinen, den man lieber auf dem Friedhof sieht, schon zu viel. Der Besoffene wird böse, tritt weiter nach Bello, und weil der ihm wegläuft, kommt er auf mich zu, will mich schlagen, mich alten Mann, das müßt ihr euch mal vorstellen!« Alle stellten es sich vor.

»Da kommt Gotthilf wie von ungefähr drüben auf der anderen Straßenseite, hört den Bello bellen, mich schreien und sieht, wie der Besoffene auf mich losgeht. Stimmt's, Gotthilf?«

Maleck nickte. Alle nickten.

»Also Gotthilf rennt über die Straße, findet seinen alten Freund Stegemann in Gefahr, wirft sich dem Besoffenen in den Weg, hält ihn am Arm . . .« Stegemann, der jetzt beim Erzählen in Fahrt geraten war, zeigte Hermann, wie Maleck den Besoffenen festgehalten hatte. »Und schwupp«, keuchte der alte Stegemann, »zog der Besoffene sein Messer, machte klick und stach's dem

Maleck in den Hals!« Maleck pochte es unterm elastischen Pflaster. Es spannte auch, denn bei des alten Stegemanns Erzählung hatte der Kopf gezuckt.

Da alle wußten, wie die Geschichte weitergegangen war, wurde sie nicht zu Ende erzählt. Der alte Stegemann sollte dann um seines und des Malecks Leben nach der Polizei geschrien haben. Die war schnell genug zur Stelle, schaffte Maleck zum Arzt, den Bösewicht hinter Schloß und Riegel und ließ sich vom alten Stegemann den Verlauf des Überfalls hersagen.

Keiner der Freunde fragte, wie es der Wunde ging, oder ob sie noch schmerzte. Selbst der alte Stegemann nicht, der jetzt bei Popp dem Wirt einen Literpokal bestellte.

Popp der Wirt hielt auf Pünktlichkeit, schenkte nach Mitternacht nicht mehr aus, da war nichts zu machen. Alle kannten Popp den Wirt, der nach vierundzwanzig Uhr nicht mehr mit sich reden ließ. Popp der Wirt, eben immer ein Wirt, nicht unbedingt Freund, ließ glatt diese Stunde an so einem Tag platzen und zollte der Freundschaft keine Ehre, schenkte die Viertel nur bis fünf Minuten vor zwölf aus.

Die Nacht nahm Gotthilf Maleck auf, kühlte sein von Wein und Freundschaft aufgeheiztes Blut und ließ ihn alte Soldatenlieder singen. Die Töne hüpften ihm stoßweise von den Lippen, denn der Text, wichtiger als die Melodie, hing nicht mehr in der Erinnerung. Gotthilf Maleck gehörte zu den Menschen, die entweder ein Lied mit Worten sangen oder gar nicht, erst recht, wenn es um Soldatenlieder ging. Leben oder Tod, Freund oder Feind! Gotthilf Malecks Schritte hämmerten im Takt. Die nicht allzu tiefe Stichwunde, für den alten Stegemann empfangen, pochte im lauthalsen Singen und ließ unerwartet Flüssigkeit austreten.

»Wir lagen vor Madagaskar . . .« dröhnte es endlich fehlerfrei, ohne Pause. Gotthilf Maleck sang sich durch die Nacht nach Hause.

Im Flur brannte das Licht. Das brannte immer, wenn Gotthilf Maleck ausging. Er ertrug es nicht, in einen dunklen Raum zurückzukehren. Hell mußte es sein, als wäre er nie weg gewesen. Nichts erschien ihm einsamer, als wenn einer nachts allein das Licht anzuknipsen hatte. Im Flur brannte das Licht, und weil die Tür zur Stube offenstand, lag dort, wie immer, ein Rest Helligkeit über den Möbeln, die den Raum vertraut machte. Heute nicht! Maleck spürte sofort, etwas war anders, etwas war da, das nicht ins gewohnte Bild gehörte und das Lied von seinen Lippen löschte. Noch wußte er nicht, was, blieb ruhig im Flur stehen, lauschte, hörte nichts, verließ sich aber nicht darauf, tastete Blick für Blick die Stille ab, traute seinen Augen mehr als seinen Ohren und fand sich selbst. Maleck sah Maleck!

»Verdammt«, sagte Gotthilf, der selten fluchte, »das bin ich doch!« Er rührte sich nicht von der Stelle, stand wie angewurzelt im erleuchteten Flur, grub bloß seine Fingernägel in die Handflächen, nahm erleichtert den Schmerz hin und räusperte sich. Er schloß sekundenlang die Augen, räusperte sich abermals, hätte wohl auch ganz gern gesungen, kam sich lächerlich vor, sang nicht und riskierte, nachdem er zweimal tief ein- und ausgeatmet hatte, den nächsten Blick. Aus verkniffenen

Lidern, mühsam zwischen den Wimpern hindurch, spähte er: Stuhl, Tisch, Wanduhr, Viertel nach eins, Radio, Zeitungen, alles in Ordnung. Gotthilf zog die Unterlippe ein. Dort im Sessel, in unveränderter Haltung, saß er selbst.

Maleck sah Maleck immer noch!

Maleck saß im Sessel, und Gotthilf starrte ihn an. Er trug seine Kleider, seine Schuhe, seinen Schlips und mußte schon länger gewartet haben.

»Ich bin verrückt«, flüsterte Maleck mit klebriger Zunge.

»Aber nein . . .« sagte der Maleck im Sessel, »ganz und gar nicht!«

Selbst die Stimme war die gleiche, und Gotthilf wußte sekundenlang nicht, wer hier gesprochen hatte. Er mußte sich zusammennehmen, um nicht davonzurennen. Er trat aus dem Zimmer. Behutsam schloß er die Tür, hinter der Maleck auf dem Sessel saß, und ging in die Küche.

Ein Glas Milch werde ich trinken, sagte sich Gotthilf. Sanft und kalt rann die Milch unter seinem Gaumen hinweg, füllte seinen Magen, ließ ihn aufstoßen und bewies ihm so, daß er nicht drüben in der Stube auf dem Sessel saß. Zur Not, überlegte Gotthilf, könnte er auch in der Küche schlafen, könnte so sich im Sessel entgehen, warten, bis der Morgen über die Dächer kroch und den wahren Maleck an den Tag brachte. Maleck trank den Rest der Milch und spülte die Flasche ordentlich aus.

Er zog sich die Schuhe von den Füßen und schlich auf Socken in die Stube. Kaum stand er am Bett, kaum hatte er Kissen und Decke in der Hand, hörte er eine Stimme, seine Stimme: »Warum wollen Sie in der Küche schlafen?«

Das Kissen stieß gegen den Wecker, der fiel auf den Boden und rasselte die Stunde von Malecks Angst in die Nacht. Die Milch gluckste im Magen, als Gotthilf Kissen und Wecker aufhob, um Zeit zu gewinnen. Maleck im Sessel mußte einfach übersehen werden. Gotthilf durfte ihn gar nicht wahrnehmen, mußte so tun, als gebe es ihn nicht.

Maleck wollte Maleck nicht sehen, dachte, auf diese Weise Oberwasser zu bekommen, ließ das Leisetreten und machte mehr Krach als sonst, wenn er ins Bett ging.

»Schlafen Sie gut!« sagte Maleck im Sessel. Gotthilf warf sich schweigend zur Wand. Der andere konnte ihn mal. Licht aus, Dunkelheit. Maleck im Sessel war weg. Maleck im Bett fuhr mit der Hand an den Puls und zählte die Schläge. Maleck im Bett war Maleck.

Grau fließender Morgen. Gotthilf hatte nicht lange geschlafen. Unter den Augendeckeln war er bereits hellwach. Trotzdem ließ er sie ungewöhnlich lange geschlossen. So lange, bis die Lider zu zittern begannen und Tageslicht in seinen Blick fiel.

Der Sessel – und in ihm Maleck. Die Finsternis hatte ihn nicht geschluckt, das Tageslicht nicht verscheucht. Gotthilf seufzte. Maleck im Sessel blickte auf und nickte einen guten Morgen, was von Maleck im Bett nicht erwidert wurde.

Die Nacht und ein kurzer, aber tiefer Schlaf hatten Gotthilfs Schreck über Maleck im Sessel gelindert.

Trotzdem machte ihn der Morgen nicht froh. Wo sollte er, Gotthilf, frühstücken, wenn Maleck im Sessel saß? Von wo aus fernsehen, wo ruhen, wo träumen, wo seinen Gedanken nachhängen?

Plötzlich fiel ihm Fräulein Jo ein. Gotthilfs Mundwinkel zuckten, und er begann, an seinem Daumennagel zu kauen. Fräulein Jo kam jeden Dienstag nach Büroschluß zum Tee. Morgen war Dienstag! Sie klingelte zehn Minuten vor sechs, fragte, ob sie auch nicht störe und trippelte wie selbstverständlich an Gotthilf vorbei, der sie auf diese Weise immer zuerst von hinten sah. Das war kein Fehler, denn Fräulein Jo sah von hinten jünger aus als von vorn. Aber wenn sie mit ihren munteren Beinen überall hinstakste und so Besitz von seiner Wohnung ergriff, war Gotthilf zumute, als gehöre Fräulein Jo die Wohnung und er sei nur zu Gast. Sie kochte den Tee, steckte ihre Nase in alle Töpfe und Schachteln, bis sie die gewünschten Kekse fand, lachte und machte mit Gotthilf eine Art Spaß, die er bei anderen Damen für ungewöhnlich gehalten hätte.

So war sie an einem Dienstag mit Cremetütchen durch die Tür gewirbelt, die sie gerade vom Bäcker geholt hatte. Den hätte ein Nasenbluten erwischt, berichtete sie, das gar nicht aufhören wollte . . . Gotthilf hatte des Bäckers Leiden gebührend bedauert und sich an die Süßigkeit gemacht, bis er plötzlich ein erbsengroßes undefinierbares rotes Etwas auf der Creme gesehen zu haben glaubte. Den Bissen aber schon im Mund, hatte er Zähes verspürt.

»Je«, war es da dem Fräulein Jo entfahren, »was haben Sie denn da verschluckt, Herr Maleck?«

Und Maleck, stumm vor Ekel, war ins Badezimmer geeilt. Ach, hatte das Fräulein Jo gelacht und vor Vergnügen mit ihren Beinen auf dem Teppich herumgetrampelt. Das hatte in Maleck einen großen Zorn ausgelöst.

Der Cremetütchen entledigt und allen dessen, was darauf und darin war, ging er auf Fräulein Jo los – die erste und einzige Gelegenheit, sie zu schlagen oder zu küssen. Zu seinem Erstaunen fand er keinerlei Unterschied darin.

Fräulein Jo hatte den Zeigefinger auf den Mund gelegt, verschloß so Gotthilf ihre Lippen, ließ ihn auch nicht zum Schlagen kommen, eilte in die Küche, fischte ein Reiskorn vom Teller, tauchte es in Himbeersaft, aß es auf und begann zu weinen.

So trieb sie ihre Späße mit Gotthilf am Dienstag jeder Woche, trank Tee, weinte auch hin und wieder, blieb nach wie vor ungeküßt und ließ Gotthilf im unklaren darüber, ob das in ihrem Sinne lag.

»Morgen ist Dienstag!« sagte Maleck im Sessel und gab damit zu verstehen, daß er von dem ungeküßten Fräulein Jo und ihren lustigen Einfällen wußte.

Maleck war zum Mitwisser von Maleck geworden. Gotthilf hatte nichts mehr zu verbergen. Das war ärgerlich, das ging ans Mark. Gotthilf durfte sich mit Maleck im Sessel, der alles über Maleck wußte, auch weiterhin nicht einlassen. Keine Kumpanei, denn jetzt, das wußte Gotthilf, ging es ums Ganze.

Die Stichwunde im Halse pochte wie am Vortage unterm Pflaster. Gotthilf überlegte, ob er zum Arzt gehen sollte. »Machen Sie das Pflaster selbst ab«, rief Maleck vom Sessel hinüber ins Badezimmer, »Luft heilt am besten!«

Das ging zu weit. Gotthilf knallte die Tür zu, hörte gerade noch ein meckerndes Lachen durch die Luftschlitze.

Die Wunde unterm Pflaster gehörte Gotthilf und nicht Maleck im Sessel. Gotthilf hatte sie sich für den alten Stegemann stechen lassen, nicht Maleck im Sessel. Hier lag der Unterschied. Gotthilf schnalzte fröhlich mit der Zunge. Mit der Wunde besaß er etwas, das Maleck im Sessel zum Schweigen bringen würde. Gotthilf hatte Freunde, Maleck im Sessel blieb nur Maleck. Jawohl, Gotthilf würde Maleck im Sessel am ausgestreckten Arm verrecken lassen. Hannes, Hermann, der alte Stegemann und zuweilen auch Popp der Wirt waren auf seiner Seite und würden Maleck im Sessel fertigmachen.

Der Tag verging wie im Flug. Gotthilfs Fröhlichkeit wuchs von Stunde zu Stunde. Die Unannehmlichkeit, in der Küche zu frühstücken und auch dort die Zeitung zu lesen, da Maleck im Sessel saß, nahm er auf sich. Am Abend würde er den Spieß umdrehen, Hannes, Hermann, den alten Stegemann und vielleicht auch Popp den Wirt mit nach Hause nehmen und denen Maleck im Sessel überlassen.

Gotthilfs Absätze wirbelten den Staub auf, seine Daumen hingen wie angenäht unter dem Revers seines Jakketts, und die Finger trommelten siegesgewiß die Brust. Wenn der alte Stegemann jetzt auf der anderen Straßenseite ... Gotthilf lachte auf: Freund sein und Freunde haben!

Der Abend war kühl, versprach Regen und gehörte zu jenen, die den Schritt zur Kneipe zuwenden.

Hannes war schon da, saß stumm am runden Tisch, zeigte ein Gesicht, mürrisch wie ein Hund ohne Hütte.

»Die Zähne«, sagte Hannes, als Gotthilf sich setzte, »mein Gott, die Zähne! Gotthilf, ich kann es nicht fassen!«

»Was?«

Popp der Wirt brachte Wein, wetzte den Bauch am Gestühl, zuckte die Achseln, hatte für Hannes nie viel Geduld.

»Was ist mit den Zähnen?« fragte Gotthilf, der lieber von Maleck im Sessel gesprochen hätte, aber Hannes bei Laune halten wollte.

»Mein Jüngster hat sie verschluckt!«

»Deine Zähne?«

»Natürlich nicht meine, seine eigenen, die letzten fünf. Genau die, die ich für die ersten fünf Gebete brauche!«

»Warum hat er das gemacht?«

»Aus Bosheit«, sagte Hannes, »aus Bosheit hat er sie mir aus der Schublade gestohlen und verschluckt. Ein Rosenkranz ohne die ersten fünf Perlen ist wie ein Zug ohne Lokomotive. So kann ich nicht beten und sühnen für das, was ich getan habe. Mein Sohn, Gotthilf, das sage ich dir, mein Sohn ist ein Aas. Der will mich lieber in der Hölle auf Großmutters Schoß sehen, als in der Gnade Gottes, will mir das Beten verwehren und die Vergebung stehlen wie der Mutter die Rabattmarken aus der Haushaltskasse. Mein Sohn ist ein Aas!«

Kleine Tränen krochen Hannes über die verquollenen Augensäcke und brachten sie zum Glänzen. Gotthilf hörte das Zittern in Hannes' Stimme, fühlte die alte Angst des Freundes, die dem noch aus dem Krieg in den Knochen steckte.

Wenn Gotthilf jetzt keinen Rat für die verschluckten fünf Zähne zur Hand hatte, blieb die Chance, Hannes für Maleck im Sessel zu interessieren, verhältnismäßig gering. Also sagte Gotthilf: »Dann mach ein neues Kind!«

»Noch eines?« Hannes schrie und haute mit der flachen Hand auf den hölzernen Tisch, daß Popp der Wirt hinterm Tresen »Psssst . . .« sagte. »Noch eines? Wo ich Kinder nicht ausstehen kann? Noch eines, nur weil mein Jüngster, das Aas, mich reingelegt hat?«

Hannes wollte wieder auf den Tisch hauen, ließ es aber. »Nein, drei Kinder, sechzig Milchzähnchen, neunundfünfzig Zähne für den Rosenkranz, einer in Reserve!«

So war's der Jungfrau geschworen, abgemacht und gehalten, da gab es nichts zu rütteln.

»Nie wird der Rosenkranz fertig, Gotthilf, verstehst du? Nie werden die Zähnchen meiner Kinder wie Perlen durch meine Finger laufen, damit ich Ave und Vaterunser zählen kann, welche ich für meine Sünden zu beten habe!«

»Du steigerst dich da in etwas hinein, das vielleicht nicht wichtig ist!«

»Nicht wichtig?« brüllte Hannes, daß der Wirt hinterm Tresen ein zweites Psssst zischte. »Du meinst, es ist nicht wichtig, wenn man wie ich kleine Kinder wie – «

»Um Gottes willen«, Gotthilf legte beruhigend seine Hand auf Hannes', »das meine ich doch nicht. Ich meine den Rosenkranz aus den Milchzähnen. Beten kannst du auch mit einem anderen Rosenkranz!«

Hannes lehnte ab. Drei Kinder, sechzig Milchzähne, ein Rosenkranz daraus und die Gebete. Ein Mann, ein Wort. Fünf Zähne fehlen, fünf Gebete, die nicht gebetet werden können. Keine Sühne, keine Gnade. Hannes' Jüngster war ein Aas!

Gotthilf seufzte, mochte die Geschichte von den polnischen Kindern, von den Milchzähnchen und der Sühne nicht mehr hören, dachte mehr denn je an Maleck im Sessel, verlangte nach Freund und Hilfe. »Hannes«, sagte er also, »Hannes, ich brauche dich!«

Gotthilf nahm einen zweiten Anlauf, wollte keine Zeit versäumen, wußte sich aber nicht recht auszudrücken. »Bist du mein Freund oder nicht?«

»Sicher!«

»Hör zu«, sagte Gotthilf, wischte sich den Wein aus den Mundwinkeln, »stell dir vor, wenn ich allein in meiner Wohnung bin, sehe ich mich selbst. Ich sitze im Sessel und starre mich an . . .«

»Kenn ich, Gotthilf, mach dir nichts draus! Hab ich auch nach dem Krieg gehabt, das sind die Nerven, das geht vorbei!«

»Entschuldige mal«, Gotthilf schluckte mehrmals, ohne sein Glas an die Lippen zu setzen, »jetzt ist kein Krieg, meine Nerven sind völlig in Ordnung, und ich habe nicht wie du – !«

»Hannes«, Gotthilf rüttelte den Freund, »ich sitze hier, und ich sitze zu Hause im Sessel, wer bin ich?«

»Blöde Frage«, lachte Hannes, »weißt du, nach dem Krieg, da war einer im Lager, der träumte jede Nacht, er wäre sein eigener Vater. Nach der Entlassung soll er seine Mutter beschlafen haben und seitdem in der Klapsmühle sitzen!«

»Hannes, ich hab Angst!«

»Angst kenn ich, Angst ist hart. Mein Gott, was hab ich schon für Angst gehabt. Gotthilf . . .«

Mittlerweile waren auch Hermann und der alte Stegemann gekommen, die ihrerseits von Angst zu berichten hatten. Besonders der alte Stegemann, dessen Schreck immer noch frisch wie eine warme Semmel war.

»Ihr seid meine Freunde«, flehte Gotthilf mit lauter Stimme, »kommt mit mir nach Hause, jagt mir den Maleck aus dem Sessel, sagt mir, wer ich bin!«

»Du bist Gotthilf!« sagte Hermann und klatschte ihm auf die Schulter, »dazu brauchen wir nicht zu dir nach Hause zu gehen!« Dem alten Stegemann kam das Lachen. Gotthilf Maleck und Angst haben? Ausgerechnet der Mann, der sich für ihn in den Hals hatte stechen lassen?

»Nein, nein«, sagte Stegemann, »das sind keine Geschichten für einen alten Mann, der gerade noch einmal um den Friedhof herumgekommen ist, laßt uns lieber einen Skat aufblättern!«

»Richtig«, rief Hannes, »unser Gotthilf muß abgelenkt werden, ist zuviel allein, kommt auf dumme Gedanken, kenne das. Unter Menschen muß man gehen, unter Freunde, dann vergißt es sich!«

In Gotthilf wuchs ein trübes Ahnen. Es breitete sich in ihm aus und beschlug sein glasklares Bild von der Freundschaft. Aber noch wollte er retten, was zu retten war, wäre mit einem Freund ganz zufrieden gewesen, knöpfte sich Hannes vor: »Auf dich kann ich mich verlassen, komm mit, jag mir den Maleck aus dem Sessel. Tu's für mich, oder bin ich nicht dein Kamerad?«

»Freilich, alter Junge!« Hannes lehnte sich in die Rückenlehne seines Stuhles, spreizte die Beine, daß der Stoff über dem Bauch spannte, zog saugend an seiner Zigarre und fuhr hinterm blauen Dunst leiser fort: »Aber du mußt lernen, dich am Riemen zu reißen. Nimm dir ein Beispiel an mir, hab genug Erfahrung . . . Ich versuche ja auch mit der Angst fertig zu werden.«

»Komm mit!«

»Unsinn«, winkte Hannes ab, »lauter Einbildung. Wenn ich dir sage, du sitzt hier, dann sitzt du hier.«

Gotthilf wandte sich Hermann zu, folgte ihm unmerklich bis hinter die Toilettentür, stand neben dem Freund, sah dem zu, sah sich zu, wartete ab, warf dann seine Frage in das Rauschen der Spülung.

»Kommst du mit?«

Hermann ließ sich mit der Antwort ebenso viel Zeit wie mit dem Schließen seiner Hose, schämte sich nicht seiner Männlichkeit, schenkte Gotthilf ein Grinsen, das an alte Zeiten erinnerte und an Lotti.

»Wenn's ein Mädchen wäre, Gotthilf«, lachte Hermann breit, wippte kurz in den Knien und knöpfte zu, »wenn's ein Mädchen wäre, käme ich mit, holte dir das Täubchen aus dem Nest, würde es füllen«, er machte eine unmißverständliche Bewegung, »und stände meinen Mann!«

»Wie schon einmal«, sagte Gotthilf, dem von Lotti nur die Sonntagsmahlzeit geblieben war. »Wie schon einmal!«

Er ließ Hermann im Pissoir stehen, hatte keine Zeit mehr zu verlieren, suchte den alten Stegemann auf, der jetzt allein am runden Tisch saß. »Stegemann«, sagte Gotthilf, »ich habe mich für dich in den Hals stechen lassen.«

»Sicher, Gotthilf, das hast du!«

»Dann komm du jetzt mit mir nach Hause. Treib mir den Maleck aus dem Sessel!«

Der alte Stegemann versuchte ein kleines Lachen. »Wenn du hier bist, kannst du nicht zu Hause im Sessel sitzen. Wenn aber einer bei dir zu Hause im Sessel sitzt, dann ist das ein anderer!«

Gotthilf hätte den alten Stegemann am liebsten am Schlafittchen gepackt und mitgezerrt. »Sieht aber genauso aus wie ich, spricht wie ich, sitzt wie ich, alles wie ich!«

»Das gibt's, Gotthilf, das gibt's. Ich sage dir, das ist ein Fremder, hol die Polizei!«

»Ich brauche keine Polizei, ich brauche einen Freund, dich!« Gotthilf legte seine Hand auf des alten Stegemanns Arm, der dünn und muskellos wie eine verhutzelte Gurke unterm Stoff lag.

»Gotthilf«, klagte der alte Stegemann, »ich bin ein alter Mann, bin über siebzig. Unsereinen sieht man lieber auf dem Friedhof als auf Einbrecherjagd! Kann mich ja selber nicht mehr meiner Haut wehren. Nimm's mir nicht übel!«

Die Wunde unterm Pflaster zuckte. Das Messer hätte ·statt seinen lieber des alten Stegemanns Greisenhals ritzen sollen, der dem Friedhof näher war als dem Freund. Gotthilf stand auf.

Hermann, immer noch im Pissoir, wollte sich nicht blicken lassen, war für Mädchen, nicht für Maleck, weder für den einen, noch für den anderen.

Hannes war nur für Sühne und für Gnade, und für Popp den Wirt, der manches hörte, wenn der Tag lang wurde, gab es nichts außerhalb seiner Kneipe.

Kein Lied stieg aus Gotthilfs Kehle, nichts unterbrach die Nacht, die er, entlang den lichtlosen Häusern, durchlief.

Zu Hause harrte Maleck seiner, saß im Sessel, schlürfte Gotthilf die Gedanken aus dem Hirn.

Maleck im Sessel ließ den Dienstag aus dem Montag wachsen, zählte Stunde um Stunde und sagte nachmittags, Viertel vor sechs: »In fünf Minuten kommt Fräulein Jo!« Fünfmal sechzig Sekunden lang fragte sich Gotthilf, was er nun machen sollte, und kam zu keinerlei besserem Ergebnis, als daß mit Maleck im Sessel auch in der siebten Stunde zu rechnen sei. Also mußte Gotthilf Fräulein Jo beweisen, wer hier Maleck war. Zehn vor sechs!

Fräulein Jo wirbelte durch die Tür, hatte nicht nur Munteres in den Beinen, sondern auch im Blick, nahm in der ihr eigenen Art von der Wohnung Besitz und entdeckte Maleck im Sessel.

Sie stand ganz still, huschte nur mit dem Blick von einem Maleck zum anderen. Sie leckte die Lippen und brachte ein Lächeln hervor, das Gotthilf das Blut heiß machte. »Nur zu!« raunte Maleck im Sessel zwischen die Blicke von Fräulein Jo. Er traf Gotthilf ins Herz.

Gotthilf vergaß Maleck im Sessel, streckte seine Arme weit aus, erwischte Fräulein Jos Ellenbogen, zupfte, schien mit den Füßen im Teppich verwachsen, rührte sich nicht von der Stelle, beugte sich vor, wankte ein wenig, wäre fast umgefallen, fiel aber nicht, hielt sich an Fräulein Jo, von der er jetzt mehr zu fassen kriegte.

»Sieh mich an!« sagte Gotthilf und schmeckte den nicht geküßten Kuß. Fräulein Jo sah ihn an. Sie spürte seine Begierde. Gotthilf sah unvorteilhaft aus und wirkte auf Fräulein Jo lächerlich. Sie schickte ihren Blick zu Maleck im Sessel, prüfte.

Gotthilf fiel durch.

Der Kuß wollte geküßt werden. Gotthilf packte zu.

Spitzes Gelächter, das Fräulein Jo von den Lippen splitterte und Gotthilfs Trommelfell ritzte. Sein Griff ließ nach, und sein Kuß verdampfte auf der eigenen Zunge. Fräulein Jo rieb sich den Ellenbogen. »Ach, lieber Herr Maleck«, sagte sie und schnippte in die Luft, »für mich sind Sie kein Mann!«

War der andere Maleck ein Mann? Schon richteten sich ihre Fußspitzen dem Sessel zu.

»Was muß ich tun?« keuchte Gotthilf. »Sagen Sie es mir. Ich bin zu allem fähig!«

»Nun, zeigen Sie Ihre Tapferkeit, seien Sie Held!«

»Wie?« Die Wunde unterm Pflaster spannte. War sie nicht ein Zeichen für Tapferkeit? Fräulein Jo schüttelte den Kopf. Sie wollte Gotthilfs Schmerz für sich allein, hatte nichts mit dem alten Stegemann zu teilen.

»Hier«, sagte sie fröhlich und reichte Gotthilf ein Kästchen mit Nähnadeln, »nehmen Sie eine und stechen Sie sich damit von innen nach außen durch das Fleisch Ihrer Wangen!«

Schreck fuhr in Gotthilfs Glieder und trieb Speichel

aus seinen Schleimhäuten. »Ist das nicht ein bißchen kindisch?«

»Finde ich nicht!« Abermals schnippte sie mit dem Finger. »Sie können es ja lassen!«

Sie wendete sich abrupt dem Sessel zu, in dem schweigend der andere Maleck saß.

Haarfeine, kleinöhrige Nähnadeln!

So schlimm konnte es auch wieder nicht sein. Gotthilf drehte eine von ihnen zwischen den Fingern. So zart ist sie, kaum zu spüren.

»Also los!« rief Fräulein Jo.

»Ich muß es vor dem Spiegel machen«, sagte Gotthilf schließlich, »ich muß es sehen können!«

Sie zuckte nur mit den Schultern. »Von mir aus!« Irgendwo lag Enttäuschung in ihrer Stimme. Wahrscheinlich wollte sie zuschauen, wie das spitze Metall durch Gotthilfs Backe drang.

Gotthilf flüchtete ins Badezimmer.

Kleinöhrige Nähnadel!

Gotthilf riß den Mund auf, so weit er konnte, schaute sich ins Maul – und fühlte sich verkauft.

Fräulein Jo würde den Preis zahlen, darum kam sie nicht herum. Seine Finger glitten die feuchtwarme Mundhöhle entlang. Er atmete schwer und hatte so seine Gedanken. Jawohl, ob sie wollte oder nicht, sie würde bezahlen.

Er nahm die Nadel, lehnte sich fest an das Waschbecken, setzte links an, von innen nach außen, spürte nichts, dachte an Fräulein Jo, stieß zu und spürte immer noch nichts. Schweiß stand auf seiner Stirn. Weiß hob sich die Haut über der Metallspitze empor. Ein kleiner, nicht nennenswerter Schmerz, die Nadel war durch. Gotthilf atmete aus, lächelte. Lustig schaute es aus, wie sie aus der Backe wuchs, die Nadel, gleich einem überlangen Barthaar.

Noch eine Nadel?

Ja, noch eine Nadel. Gotthilf ging es nicht schnell genug. Nadel um Nadel, rechts und links. Barthaar neben Barthaar. Hart, unbiegsam, für Fräulein Jo bestimmt. Der Schweiß trocknete auf der Stirn. Die letzte Nadel war gestochen!

Fräulein Jos Wunsch mehr als zehnfach erfüllt, alle Nadeln durch die Wange gejagt, betrat Gotthilf die Stube.

Der metallene Bart sträubte sich im wunden Fleisch, fing allerlei Licht und machte auf sich aufmerksam.

»Du lieber Gott!« Fräulein Jo, die auf der Lehne von Malecks Sessel saß, schlug die Hände zusammen, sie zog ihre Beine herauf, bis sie des Malecks Knie berührten.

»Sie sehen ja wie ein Kater aus! Nein sowas!«

Und um den Spaß noch zu vergrößern, begann sie zu miauen, ihre Fingernägel zu lecken, auch ihre Schulter. Dabei bekam Maleck im Sessel etwas ab. Gotthilf sah, daß Maleck im Sessel nichts gegen Fräulein Jos Katzenspiel hatte, sich tatsächlich lecken ließ, sogar dort am Hals, wo Gotthilf sich für den alten Stegemann hatte stechen lassen.

»Miau«, maunzte Fräulein Jo.

»Miau«, schnurrte Maleck im Sessel zurück und rührte sich nicht.

Miau, wollte auch Gotthilf maunzen. Aber seine Lippen öffneten sich stumm. Kein Ton, nicht einmal ein

Schrei. Seine Zunge war eine gefangene Maus, vom Nadelkranz umstellt, nicht der geringsten Bewegung fähig. Sie versagte den Dienst. Kein Kater, kein Mann und immer noch kein Held.

Gotthilf mußte sich beeilen, um die Nadeln wie Dornen auszuzupfen. Sie durften sich nicht im Fleisch festsetzen, dort einnisten.

Fräulein Jo wendete sich mehr und mehr Maleck im Sessel zu, zeigte Gotthilf ihre Kehrseite, sah von hinten jünger aus als von vorne, gab kein Miauen mehr von sich, hatte es vergessen wie den ganzen Gotthilf mitsamt seinen Nadeln in den Backen.

Fräulein Jo küßte Maleck im Sessel, ohne daß der sie dazu ermuntert hätte. Sie legte ihre ungeschminkten Lippen schräg auf seinen Mund.

Später stand sie auf und verließ grußlos die Wohnung.

»Neid!« sagte Maleck im Sessel.

Gotthilf kühlte sein Gesicht. Die Nadeln hinterließen kleine rote Pünktchen, die mehr juckten als die Wunde im Hals.

Was nun?

In Gotthilf wuchs Zorn. Jetzt wird er es Maleck im Sessel heimzahlen. Nur Mut!

Und Gotthilf schrie: »Verlassen Sie meine Wohnung!«

Seine Stimme überschlug sich. Maleck im Sessel schwieg, grinste.

Maleck oder Maleck! Mord?

»Nicht doch!« sagte Maleck im Sessel.

Die Wunde unterm Pflaster spannte empfindlich. Gotthilf stolperte in die Küche. Er fand ein Messer mit scharfer Klinge, die rauh auf der Daumenkuppe kratzte. Ein Messer mit handlichem Griff, für Zwiebeln und Tomaten.

»Nicht doch!« sagte Maleck im Sessel.

Gotthilf kam von hinten, umspannte Malecks Hals, stieß zu, stach ins Fleisch und machte ein Loch.

Kein Blut, kein Schrei. Maleck schaute in Maleck!

»Na«, sagte Maleck im Sessel, »was sehen Sie?«

Gotthilf beugte sich über das Loch, zog es vorsichtig mit den Fingern auseinander und starrte hinein.

»Nichts!« sagte er.

»Sehen Sie genauer hinein!«

»Das kann ich nicht. Mir wird übel!« Gotthilf schluckte.

»Nehmen Sie sich zusammen!«

Gotthilf schaute ein zweites Mal hin.

»Ich sehe wieder nichts«, sagte er, »es ist sehr dunkel in Ihnen!«

»Ihre Augen werden sich daran gewöhnen!«

Gotthilf gehorchte. Sein Gewissen machte ihm zu schaffen, warf ihm die Tat vor. Maleck im Sessel, sagte das Gewissen, hätte tot sein können. Gotthilf ein Mörder. Wo Anfang, wo Ende?

Gotthilf hörte seine Zähne klappern, bemühte sich mehr als zuvor, das Innere von Maleck im Sessel zu erkennen.

»Ich müßte das Loch größer machen«, sagte er.

»Bitte sehr!« Gotthilf schnitt vorsichtig. Kein Blut floß.

»Nun?« fragte Maleck im Sessel.

»Ich sehe!« flüsterte Gotthilf. Das Messer flog im hohen Bogen in die Stube.

»Na also!« lächelte Maleck im Sessel.

Gotthilf fuhr mit beiden Händen in das Loch, weitete und dehnte den Schnitt, fühlte seine Wunde unterm Pflaster, lächelte ebenfalls, machte sich dünn und schlüpfte mit dem Kopf voran in Maleck, nahm Platz, saß im Sessel und hatte bald seine Augen an die Dunkelheit gewöhnt. Er sah Freund Hannes, der sich jetzt nach einem anderen Freund umsehen mußte, sah Hermann, der ab jetzt mit seiner Lotti den Sonntagsbraten alleine essen würde, sah den alten Stegemann, der dem Friedhof näher denn je war, und sah Fräulein Jo.

Nie wieder werden sie ihre Späße mit ihm treiben.

Die Klecksschnitte

Liebe Lotte, sagt Phillip mit Endgültigkeit in der Stimme, es ist sinnlos, wenn du kommst, ich habe keine Zeit, überhaupt keine Zeit.

Lotte wechselt den Hörer von einem Ohr zum anderen und legt sich Worte der Zärtlichkeit zurecht.

Vielleicht ein anderes Wochenende, fragt Phillip.

Lotte schüttelt den Kopf, lächelt, hat Sehnsucht, wie sie sagt, und ist ganz versessen darauf, ihn zu besuchen.

Phillip zögert, zieht das Gespräch mit Belanglosigkeiten in die Länge.

Da entschließt sich Lotte zu einer Überraschung, legt auf und schneidet Phillips Hallo in der Mitte durch.

Ruhe, in der jetzt Lotte in stiller Beharrlichkeit sitzt, das Herz randvoll mit mutmaßlicher Liebe.

Am Griff des Telefonhörers spürt Phillip die Wärme seiner Hand. Eine feuchte Wärme. Lotte hat abschiedslos aufgelegt. Das löst eher Unruhe als Verstimmung in ihm aus. Dann überfällt ihn Heiterkeit: Phillip will nicht, daß Lotte nach München kommt, aber Phillip will ihre Enttäuschung spüren. Er liebt ihre Liebe. Vorläufig verdrängt er Lotte, er vergißt sich selbst, er arbeitet. Als er eine Stunde später wieder anruft, ist Lotte nicht mehr zu erreichen. Sie ist unterwegs, rückt unaufhaltsam mit den Erwartungen ihrer Liebe auf ihn zu. Schreck fährt unversehens in seine Glieder.

Langsam beginnt er, über seine Glatze zu tasten. Seine Fingerkuppen gleiten behutsam über eine Stelle, als wüchse dort etwas. Aus dem Tasten wird ein Zupfen. In Phillip geht eine Veränderung vor.

Er wirft den Kopf nach hinten, als müßte er sich Locken aus der Stirn schütteln. Behutsam stapelt er Zettelkästen übereinander und baut einen Turm. Er greift nach seinem runden Radiergummi, den er jetzt mehrmals durch das Chefbüro hüpfen läßt.

Erst die Stimme seiner Sekretärin in der Sprechanlage bringt ihn zur Vernunft. Mühsam formt er seine Lippen, wispert: Ich heiße Phillip-Maria!

Das ist mir bekannt, Herr Direktor, antwortet die Sekretärin, darf ich jetzt die Unterschriftenmappe bringen?

Nein, erwidert Phillip, ich will nicht!

Die unerwartete Störung beim Spiel versetzt ihn in Ängstlichkeit. Er äußert den Wunsch, nach Hause zu wollen.

Schweigend, in die Ecke seines geräumigen Firmenwagens gedrängt, läßt er sich heimbringen. Mittel- und Zeigefinger der linken Hand steckt er in den Mund. Er lutscht. Langsam wachsen Locken auf seinem Kopf. Seine Hände verkleinern sich. Die Veränderung macht Phillip zu schaffen. Zu Hause angekommen, streichen seine Beinkleider über den Teppichboden. Die Füße finden in den Slippern Größe zweiundvierzig kaum noch Halt. Er braucht längere Zeit, um über Stufen und Ecken sein Bett zu erreichen.

Dort stellt er rücklings liegend mit einem Griff fest, daß auch sein Glied schrumpft. Weinend preßt er das

Kissen über seine Ohren und sucht Schlaf, bevor sein Körper in die Winzigkeit eines Kleinkindes rückwächst.

Viel warmer und schwarzer Stoff, in dem man sich festhalten kann, verstecken und träumen, zwischen dessen Falten es nach allem riecht, was Phillip-Maria kennt. Seife, vor allem Seife. Auch ein wenig nach Essen, nach Weihrauch und dem sanften Körpergeruch einer Frau.

Phillip-Maria, unser Lieblingskind!

Hoch fliegt er, mitten hinein in einen blauen Himmel und zurück in den schwarzen Stoff, in die Arme von Schwester Cäcilia. Noch im Flug versucht er, seinem Körper einen Ruck zu geben, um auf der unbeweglichen weißen Haube zu landen, die wie ein kleines Dach über dem guten Gesicht der Schwester hängt. Er juchzt, kriegt die Haube zu fassen, reißt sie ab.

Aus der Traum vom Lieblingskind Phillip-Maria, das weder Vater noch Mutter hat, weder Junge noch Mädchen ist, einfach ein Engelchen von Schwester Cäcilia. Aber die löst sich in Luft auf, wird zu einer dünnen, haubenlosen Mama; daneben ein lachloser Papa, der aus Phillip-Maria einen richtigen Jungen machen will.

Wie heißt du?

Phillip-Maria muß seinen zweiten Namen verschlucken lernen. Unendlich viele Male wiederholt sich die Übung, denn die Marias entschlüpfen ihm immer wieder. Behutsam schneidet die Mama, die weder nach Seife noch nach Weihrauch, sondern nach nichts riecht, Locke für Locke von seinem Kopf. Küßt ihn, auch den lachlosen Papa, weil sie nun endlich einen

Sohn bekommen haben, wenn auch nur aus dem Waisenhaus.

Wenn sich Lotte auf den Akt als solchen besinnt, muß sie zugeben, daß die Liebe mit Phillip kein einschneidendes Erlebnis war. Vielleicht hätte sie Phillip und die Nacht mit ihm längst vergessen, wäre er nicht nach der ebenso salopp wie routinierten Ausübung des Beischlafs völlig aus der Rolle gefallen.

Sie nahm an, die Müdigkeit hätte ihn überwältigt. Sein rechter Arm lag über ihr, den linken hatte er unter ihren Hals geschoben, seine Hände waren vor ihrem Gesicht zusammengefaltet. Für Lotte eine unbequeme Schlafstellung. Das Bett war eng. Eines seiner Beine lag schwer auf ihrem Bauch. Lotte wollte sich davonmachen, weg sein, bevor der Morgen kam.

Nur, Phillip schlief nicht. Kaum bewegte Lotte den Kopf, klammerte er seine Arme fester um sie, wurde sein Bein noch schwerer. Er ließ sie nicht fort. Er bat mit leiser Stimme, sie möge bleiben. Hier bei ihm, ganz eng.

Ich habe Angst, wenn ich allein bin, entsetzliche Angst.

Kaum hatte Phillip das gesagt, fiel er in Schlaf, während Lotte in wachsamer Schlaflosigkeit neben ihm liegenblieb.

Als die Haushälterin, Frau Knebel, in früher Morgenstunde ein Bällchen im Wohnzimmer findet, weiß sie Bescheid. Sie ruft in der Firma an und erklärt das Fernbleiben des Herrn Direktors mit Unpäßlichkeit. Frau

Knebel ist energisch, duldet keinen Widerspruch. Zwei Theaterkarten sollen bestellt werden und ein Tisch im Lieblingsrestaurant des Herrn Direktor. Frau Knebel schwitzt. Sie sieht auf die Uhr. Es ist Zeit. Der Junge muß geweckt werden.

Phillip fährt aus seinem Kinderschlaf. Frau Knebel bringt Ovomaltine. Wenn du aufstehst, verspricht die Alte, bekommst du eine Klecksschnitte mit Zucker. Seit mehr als fünfzig Jahren schmiert Frau Knebel für Phillip Klecksschnitten. Die erste kam ihm heimlich an dem Tag zugute, als aus dem Waisenkind Phillip-Maria der Sohn Phillip von Frau Knebels Herrschaft wurde. Mit jenen Klecksschnitten kamen des kleinen Phillips Tränen im unbekannten Elternhaus zum Versiegen und verhießen Hoffnung.

Ich will nicht, kräht Phillip vom Bett her. Sein Kopf steckt im Dunkel der Decke. Seine Hände fingern an seinem Körperchen herum und stellen dessen Unzulänglichkeit noch am frühen Morgen fest.

Frau Knebel streichelt seinen Kopf. Es wird alles gut, kleiner Phillip. Gleich gibt's Ovomaltine und nach dem Aufstehen eine Klecksschnitte.

Phillip schiebt sein Gesicht ins Tageslicht.

Die Alte lächelt. Stellt ihm Ovomaltine vor die Nase. Dann geht sie einkaufen.

Eine Stunde später ist das Haus voller Blumen, die Hausbar ist aufgefüllt, Konfekt liegt herum, und im Kühlschrank türmen sich Salate, Käse, Schinken, Kaviar, Speiseeis und israelische Erdbeeren.

Phillip horcht in sich hinein, wagt einen Blick auf seine Glieder, streicht über den Kopf und atmet auf. Weiß

Gott, er ist älter geworden, es geht vorwärts. Keine Locken mehr, und die Finger rutschen nicht in den Mund. Phillip verspürt Lust zu häkeln. Aber Phillip weiß auch, daß er Fußball spielen und spätestens in zwei Stunden den Freischwimmer machen muß. Er steht auf.

Lotte wollte mit Phillips Ängsten nichts zu tun haben. Gelenkig, ohne Aufhebens, entschlüpfte sie eine Stunde später seinem Schlaf. Am nächsten Morgen zeigte Phillip empfindliche Gleichgültigkeit. Er zeigte ihr deutlich, daß er sie abgeschüttelt hatte. Verschluckt wie eine reife Pflaume. Das traf Lottes Eitelkeit. Sie verlangte Wiedergutmachung.

Auf der dicken Scheibe Bauernbrot thront ein gelber Klecks, der mit Zucker bestreut ist. Phillips Zähne kauen sich Biß für Biß an den Klecks heran.
Nicht so hastig, sagt Frau Knebel und sieht ihm liebevoll zu.
Phillips Augen schielen dem Klecks entgegen, und endlich macht sich sanft und weich die Butter in seinem Mund breit, durchtränkt schmackhaft süß das trockene Brot und läßt es wie von selbst in den Magen gleiten.
Paß auf, mein Junge, sagt Frau Knebel, ab jetzt geht alles wie von selbst! Sie klatscht in die Hände, daß es Phillip durch und durch geht.
Er läuft aus dem Haus. Gegen alle Gewohnheit springt er mit vorschriftsmäßig gestreckten Beinen über den Gartenzaun.

Für einen Mittfünfziger ganz schön sportlich.

Fußballplatz. Das erste Mal Rechtsaußen. Mit einem einzigen Schuß, so heißt es, kann Phillip der Klasse, dem Lehrer, dem Vater, aber vor allem sich selbst Ehre machen. Da kommt der Ball aus milchigem Himmel mondgroß auf Phillip zu, setzt sich auf dessen Mittelfuß, will geschossen werden, würde sonst ewig auf Phillips Schuh kleben bleiben. Schuß! Tor!

Guck dir den Alten an, sagt ein Junge zum anderen, während Phillip mutterseelenallein über den Platz rennt, der hat noch Saft in den Knochen. Der Junge holt seinen Ball aus dem Netz.

Wie spät, Chef, fragt er Phillip.

Zwölf Uhr, sagt der, macht sich wieder auf die Socken, rüber zum Schwimmbad, um sich vor dem Mittagessen freizuschwimmen.

Die Gleichgültigkeit Phillips machte Lotte zu schaffen. Sie schrieb ihm und erklärte in drei Sätzen plötzliche Zuneigung. Letzte Waffe ihrer getroffenen Empfindlichkeit.

Phillip schrieb umgehend drei Sätze zurück: Ich bin nicht dauernd so mies, aber ich bin auch nicht dauernd nett, weder lieb noch beschissen. Ich bin ein Chamäleon. Das ist eine Gebrauchsanweisung und keine Koketterie.

Ein Chamäleon, dachte Lotte und sah im Lexikon nach, das ist etwas Neues.

Mittags sind die Häuser Gottes leer. Phillip sitzt in der letzten Bank. Dem Zwang, sich mit Weihwasser ein

Kreuz auf die Stirn zu tippen, hat er gut widerstanden. Nun geht es ihm schlecht. Die Ministrantenrolle, die er Messe für Messe, Jahr für Jahr gespielt hatte, läßt sich sitzend nicht nachempfinden. Er hofft, das Kratzen der lächerlichen Strümpfe unterm Chorhemd zu spüren, die Bibel in den Händen oder das silberne Glöckchen.

Heilige Maria, bitt für uns!

Phillip fehlen Text und Gebet. Nur der rhythmische Singsang bleibt, quält sich in die Stille. Aus. Wer einmal den heiligen Sachen den Rücken gekehrt hat, muß mit Fluch rechnen.

Phillip zieht den Kopf ein, fühlt Schweiß. Den Blick starr geradeaus dem Allerheiligsten zugekehrt, sagt er mit pelziger Stimme: Ich glaube nicht an Gott, nicht an die Kirche und nicht an den Heiligen Geist.

Seine Füße schleppen ihn fort, schleifen über den blankgewetzten Steinboden. Draußen wird ihm wohler. Älter geworden! Er glaubt, nicht mehr aufzufallen. Er denkt, ich lasse mich jetzt rasieren.

Einmal war Lotte ihrem Ziel, Phillips Wiedergutmachung einzukassieren, verdammt nah. Er hatte sich mit ihr verabredet. Auf halber Strecke zwischen München und Hamburg in einem kleinen Hotel auf dem Land. Lotte packte ein Gefühl von zärtlichem Triumph. Sie würde ihm ein Foto von sich mitbringen. Im Hotel angekommen, erfuhr sie, daß Phillip das bestellte Doppelzimmer wieder abgesagt hatte.

Tut mir leid, las sie in seinem Telegramm, Auslandsbesprechung, ich rufe dich an.

Tränen. Lotte haßte das bestellte Doppelbett, haßte Land und Hotel, sich und am meisten Phillip.

Nach dem Friseur ruft Phillip in der Firma an. Es läuft alles vorschriftsmäßig, auch wenn der Chef nicht da ist.

Phillip atmet auf. Hier liegt der Beweis seines langjährigen, sicheren Führungsstils.

Er hat Lust, ein kleines Lokal in Schwabing zu besuchen. Er möchte ein Bier und eine gute Brotzeit. Er weiß, daß er es geschafft hat. Irgendwann wird er Frau Knebel rausschmeißen. Er wird ihr eine Eigentumswohnung kaufen und eine Rente auszahlen. Das ist mehr als recht und billig. Phillips Schritt wird ausgreifend, hart, ist über den Nikolaiplatz hin zu hören. Ein Mann mit Haltung.

Dann kommt der Umschwung. Er kommt von außen und ist für Phillip mit einem Geräusch verbunden, dem Aufklatschen eines Körpers. Phillip erschrickt, möchte schreien. Sein Gesicht wird rot. Seinem offenen Mund entwindet sich ein gurgelndes Stöhnen. Die Leute bleiben stehen, sehen ihn an, statt dem Aufklatschen des Körpers nachzuforschen.

Da hechtet er los, quer über den Nikolaiplatz, läuft fast in ein Auto, sieht nichts weiter als den Mann, der auf dem Rücken liegt, die Arme auseinandergerissen, mit drehendem Auge, ein schauerlicher Anblick. Phillip bückt sich, versucht den Mann hochzureißen, wegzuziehen, brüllt irgendwas, ist ganz besessen von dem, was er vorhat.

Hinter Phillip schreit jemand Achtung.

Ein rasender Schmerz fährt in seinen Leib, teilt ihn in zwei Hälften, dann weiß Phillip nichts mehr.

Eine Ohnmacht. Das sagen später die Passanten. Rennt doch da plötzlich ein älterer Herr quer über den Fahrdamm, nur weil ein Besoffener der Länge nach hinschlägt.

Ist das eine Kriegsverletzung? fragt der Arzt. Unterhalb des Rippenbogens zieht sich eine Narbe abwärts bis in Höhe des Beckenknochens.

Ja, sagt Phillip. Die Situation ist ihm peinlich. Er möchte gehen, gegebenenfalls auch etwas bezahlen.

Nachdem Phillip Lotte versetzt hatte, war er für sie erledigt. Auf der Heimfahrt nach Hamburg machte sie mit ihm Schluß. Tage später rief er an, bat um Verständnis und bot Zärtlichkeit. Lotte antwortete gleichgültig, sie hätte ihn nie ernst genommen. Darauf schrieb Phillip Briefe. Er erklärte ihr seine unvollkommene Liebe. Er vermisse sie. Aber er wüßte, daß er keinerlei Anspruch auf ihre Zuneigung habe, ja – kaum Hoffnung. Er schrieb: Ich möchte immer geliebt werden – ohne den Zwang, selber lieben zu müssen.

Darauf vergaß Lotte ihren Zorn, sie nahm sich vor, Phillip das Lieben zu lehren, egal, was es sie koste.

Die Sonne ist untergegangen. Weiß der Himmel, was der Abend bringt. Phillip ist noch nicht ganz auf der Höhe. Die Ohnmacht, aus der immer wiederkehrenden Kriegserinnerung entstanden, nimmt Kraft und Verstand.

Phillip hockt sich in ein Café an der Leopoldstraße.

Zwei Grappa geben seinem lehmfarbenen Gesicht wieder Farbe.

Mädchen sitzen herum, hübsche. Eine lacht ihn mit breitgemaltem Mund an.

Auch das noch, denkt Phillip. Er klammert sich an die Tischkante. Längst weiß er, daß ihm nichts erspart wird, am wenigsten die Begegnung mit Frauen.

Das Mädchen mit dem breitgemalten Mund setzt sich zu ihm, fragt nicht einmal, ob er das wünscht. Sie steckt ihre zehn Finger bis zu den Handwurzeln in ihr Haar, sagt, daß ihr kalt sei und daß sie Angst habe. Nur so, aber den ganzen Tag über, von früh bis spät.

Angst, sagt Phillip. Angst kennt er nicht.

Das Mädchen findet das phantastisch.

Phillip liest ihr die Kälte von den Brustwarzen ab. Vielleicht sollte sie sich statt dieser Fetzenbluse unter dem löchrigen Klöppelschal etwas Vernünftigeres anziehen.

Wortlos reicht er ihr seine Jacke. Er will nicht, daß sie friert.

Das Mädchen nimmt alle Gegenstände aus den Taschen und schiebt sie ihm über den Tisch zu. Sie will die Jacke behalten. Phillip versucht, seinen Tascheninhalt in der Hose unterzubringen. Das sieht unförmig und lächerlich aus.

Laß das, sagt das Mädchen und zeigt auf die Hose, die nehme ich auch mit.

Phillip erschrickt. Soll er hosenlos im Caféhaus sitzen bleiben? Ohne mich, sagt er, ohne mich kannst du die Hose nicht haben. Okay, lacht das Mädchen und steht auf. Hochhackig läuft sie vor ihm her, dreht sich nicht einmal um, will gar nicht wissen, ob er überhaupt hinter ihr her kommt.

Das Haus, in dem sie wohnt, hat ungewöhnlich viele Türen, das sieht Phillip mit einem Blick.

Los, sagt das Mädchen, zieh die Hosen aus. Du hast es mir versprochen.

Gut, sagt Phillip, wenn du es auch tust.

Das Mädchen ist einverstanden. Phillip sieht ihr zu, spürt am ganzen Leib, wie sehr er sich in sie verliebt.

Ihr Körper ist wunderbar weich, und Phillip legt sich in großer Seligkeit in sie hinein. Soll sie ruhig Jacke und Hose behalten, er würde immer in ihr liegenbleiben, sie wärmen und ihr die Angst von den Lippen wegküssen.

Das Mädchen friert nicht mehr und hat auch die Angst verloren. Seine Liebe, sagt sie freundlich, die solle er ruhig behalten, vielleicht könne er sie anderweitig verwenden.

Ehe Phillip etwas begreift, ist er jacken- und hosenlos wieder draußen. Ein Glück für ihn, daß sich neue Türen öffnen. Erst ist es eine Honigblonde, danach eine mit rundherum Sommersprossen, und der folgt eine Kohlrabenschwarze.

Mensch, sagt das Mädchen mit dem breitgemalten Mund zu ihrem Freund und zeigt auf Phillip, nun sieh bloß, wie der Typ da drüben mich immerfort anstarrt.

Lottes Überraschung ist gelungen. Phillip ist zu Hause. Ihre Reise nach München war nicht umsonst. Ein schönes Zuhause, wie sie feststellt, geräumig und geschmackvoll. Ihr Empfang ist vorbereitet. Blumen,

Sekt und der Eisschrank voll mit Leckereien. Sogar an Theaterkarten hat er gedacht, und falls sie mag, wird er mit ihr später essen gehen.

Eine alte Frau packt Lottes Koffer aus. Bitte, flüstert die Frau und fährt Lotte zärtlich über den Arm, fühlen Sie sich ganz wie zu Hause. Danach verläßt sie das Haus.

Frau Knebels Programm läuft mit planmäßiger Genauigkeit ab.

Weiß Gott, was passiert wäre, wenn sie nicht so trefflich vorgesorgt hätte. Vielleicht wären sich Lotte und Phillip auf die Schliche gekommen und hätten das Weite gesucht. So aber reichte es nur zu einer kleinen Unterbrechung, so winzig, daß sie nicht einmal von Lotte wahrgenommen wurde.

Sie sitzen beim Frühstück und reden in großen Pausen über das, was sie am Vorabend gemeinsam unternommen hatten.

Danach liest Phillip die Zeitung, um auf diese Weise Lotte aus dem Weg zu kommen.

Plötzlich bemerkt er über den Rand der Wirtschaftsseite, wie ihre Hände nach dem Brot greifen, nach der Butter. Er sieht, wie sie das Messer in das frische Gelb drückt und einen ordentlichen Klecks herausschält. Der hängt jetzt am Messer überm Brot.

Phillip bleibt der Atem weg. Der Klecks trifft das Brot, liegt dort dick und rund mit einem fröhlich aufwärts gekehrten Zipfelchen. Phillip greift nach dem Zucker, reicht ihn Lotte.

Sein Blick hüllt sie in so unerwartete Zärtlichkeit, daß sie nach dem Zucker greift. Erstmalig bringt der Ausdruck seines Gesichtes die Liebe zutage, die sie ihn lehren wollte.

Sie stellt den Zucker beiseite. Breitflächig drückt das Messer die Butter ins Brot, schmiert es glatt und zu.

O Phillip, Lotte beißt kräftig zu, und der Abdruck jeder ihrer Zähne wird sichtbar, o Phillip, ich liebe dich!

Phillip hebt die Zeitung, schiebt sie vor seinen Blick.

Ich weiß, sagt er nach einer Weile.

Vor seinen Augen tanzen die Buchstaben, und er überlegt krampfhaft, ob seine Stimme auch freundlich genug klang.

Der gute Tag

Zopper scheint die zu erwartende Arreststrafe gleichgültig zu sein.

Die zehn Tage reiß ich ab wie nichts, lacht er, mich kann keiner fertigmachen, mich nicht!

Maiermann weiß, daß Zopper zehn Tage lang hintereinander schlafen kann.

Zopper legt sich auf die Pritsche und poft zweihundertvierzig Stunden durch, steht nur zum Fressen und Pissen auf, könnte sogar auf den Hofgang verzichten und hat es bisher noch immer geschafft, sich auch in den harten Tagen die Matratze durchs Gitter zu angeln.

Ich möchte wissen, sagt der Beamte, wie man euch noch beikommen soll!

Zopper läßt seine Lache los, und Maiermann stimmt, so gut es geht, ein.

Was denn, sagt Zopper, während sie alle drei die Kellertreppe zu den Bunkern heruntersteigen, ist doch nicht das erste Mal.

Legt man eben einen anderen Rhythmus auf – das ist eine Einstellungsfrage, Maiermann. Mußte immer dran denken, im Bunker bleibst du ganz unverbraucht, da kann dir keiner!

Los, Junge, unterbricht der Beamte gutmütig und schubst den lachenden Zopper in den Bunker, und paß auf, daß du dich nicht totlachst!

Stille.

Von Zopper kein Wort mehr. Die Türen, mit doppeltem Eisen gefüttert, lassen keine Lache durch, auch nicht die von Zopper.

Maiermann muß in den Bunker vom dritten Flügel – alles geht schnell.

Die Schlösser schnappen hinter dem Gitter, hinter der Tür. Und zum Schluß, all dem Lärm ein Ende bereitend, zweimal die Riegel, einer oben und einer unten.

Ab jetzt kann Maiermann, wenn er will, seinem Atem zuhören.

Aber es ist nicht nur still, es ist auch warm, und Maiermann weiß, warum das so warm ist.

Krank soll schließlich keiner hier werden.

Er zieht den aufgeheizten Kellergestank durch die Nase, der innerhalb der nächsten zehn Tage nur durch den Inhalt seines Kübels verändert werden wird.

Maiermann sieht sich mit geschlossenen Augen um. Was es hier zu sehen gibt, paßt auf ein Foto.

Links oben das Fenster. Das gewürfelte Milchglas macht alles Licht von draußen kaputt.

Maiermann kennt das schon.

Mit der Zeit wird er nicht mehr wissen, ob es sich um einen Vor- oder Nachmittag handelt. Er wird die Grautöne nicht mehr unterscheiden können und alles durcheinanderbringen.

Anderthalb Meter vom Fenster hängt als Wandschmuck der Zelle – wie ein modernes Kunstwerk – die Matratze.

Ein auf die Wand gespanntes Rechteck, weich und ersehnt, stinkend – voll Flecken von Samen, Urin und Erbrochenem.

Und während es Zopper gelingt, jenes auch in seiner

Arrestzelle hängende Kunstwerk durch das Gitter zu angeln, um Strafe und Sühne wegzupennen, bleibt die Matratze für Maiermann zwei Tage lang immer nur ein Gegenstand der Betrachtung.

Es ist Montag, und nach all diesen Überlegungen hat Maiermann nun eine halbe Stunde seines zehntägigen Arrestes hinter sich gebracht.

Neben der Matratze an der Wand, unter der Decke in einem Mauerloch, die Lampe. Eingehüllt in ein dichtes Netzwerk bleibt sie vor Maiermanns Angriff geschützt.

Maiermann wird zehn Tage lang außer dem durch das Milchglas scheinende Grau kein Licht haben.

Es ist November. Nach seiner Rechnung wird es gegen siebzehn Uhr dunkel.

Die Tür, vor Jahr und Tag gelblich gestrichen, klinkenlos, bleibt für Maiermann hier uninteressant.

Denn links der Tür beginnt das Gitter. Hohe, bis zur Decke reichende Gitterstäbe umschließen Maiermann wie einen Bären oder Affen im Wanderzirkus.

Das Gitter teilt den Raum in zwei Teile.

Ein Teil stellt Maiermanns Käfig dar, der andere Teil bleibt unbenutzt, da der hier Eingeschlossene von seiten der Anstalt nur selten zur Besichtigung freigegeben wird.

Es sei denn, Maiermann tobt. Dann kann es sein, daß der Anstaltsarzt, vielleicht auch der Anstaltspfarrer, der Dienstaufsichtsleiter und der zuständige Beamte Maiermann durch das Gitter betrachten, um ihm gut zuzureden.

Natürlich wird in so einem Fall auch das Licht angeknipst.

Ruhig, Mann, heißt es da, so kommen wir nicht weiter!
oder:

Warten Sie ab, morgen haben Sie einen guten Tag, da gibt's was Warmes, Matratze und Hofgang!
oder:

Glauben Sie doch nicht, daß ich auf einen Simulanten wie Sie hereinfalle. Da müßte ich ja als verantwortlicher Anstaltsarzt jedem Häftling seine Disziplinarstrafe auf Grund seines Zustandes erlassen.
oder:

Christus hat gesühnt, um den Menschen mit Gott zu versöhnen, aber nicht, damit Richter und Staatsanwalt dem Rechtsbrecher vergeben.

Selbst Zopper hat es bisher noch nicht geschafft, auf diese Weise aus dem Bunker zu kommen.

Innerhalb des Käfigs befindet sich der Kübel, der je nach Belieben und Zeit des Beamten von außen gespült wird. Weiterhin steht Maiermann eine Plastikschüssel zur Verfügung, in der ihm morgens etwas kaltes Wasser zum Waschen gereicht wird.

Doch Mittelpunkt bleibt nach wie vor die Pritsche. Sie ist auf einem Betonsockel montiert und erinnert an einen Sarkophag, vor allem wenn Maiermann darauf liegt.

Es sind allerlei Sprüche eingeritzt, Namen, Daten und Zeichen, nicht anders als auf Bänken von Ausflugsorten oder in Pissoirs.

Maiermann ritzt nichts ein, hat es noch nie getan. So ein Gefühl, sagt er mal zu Zopper, geht andere einen Scheißdreck an.

Er sitzt auf seinem Sarkophag und wartet, daß etwas in

ihm passiert. Maiermann stülpt sich von außen nach innen, um mit der Sache fertig zu werden.

Wenn er wie Zopper pofen könnte, wäre die Situation zu meistern. Aber Maiermann kann nun einmal nicht pofen, zumindest nicht die erste Zeit.

Er muß immerfort daran denken, daß er heute und morgen nur Brot und eine kaffeeartige Flüssigkeit bekommt, daß er zwei Nächte auf dieser verdammten Holzpritsche zubringen wird, nachts mit drei Decken versehen, und daß er nur jede dritte Nacht die Matratze unter seinem Hintern spüren wird.

Jeden dritten Tag warmes Essen und jeden dritten Tag eine halbstündige Ausführung aus seinem Käfig.

Maiermann hat jetzt eine Stunde seines zehntägigen Arrestes herum. Er beginnt zu zittern. Er krümmt unverhofft den Rücken, beißt die Zähne zusammen und springt mit ungeheurem Schwung, den Kopf nach vorn gerichtet, gegen das Gitter.

Auf seiner rechten Stirnseite wächst tulpengroß eine Beule.

Mehr hat Maiermann nicht erreicht.

Im Grunde wußte er das auch vorher. Aber es war nichts da, was ihn von dem Sprung gegen das Gitter hätte abhalten können.

Der Schmerz tut ihm gut, weil er sich damit beschäftigen kann. Wenn er jetzt tot wäre, der Kopf durch das Gitter gespalten, in Scheiben geschnitten und säuberlich in Portionen aufgeteilt wie Pfälzer Saumagen?

Es würde in der Zeitung stehen!

Was würde in der Zeitung stehen?

Maiermann flucht.

Er schlägt sein Wasser ab.

Er rennt herum.

Er sitzt auf der Pritsche.

Er zählt die Käfigstäbe.

Er zählt sie nicht zu Ende.

Er zieht die Glocke und weiß, daß niemand kommen wird.

Er starrt die Matratze an.

Er brüllt.

Er legt sich hin.

Er onaniert.

Er singt.

Er tanzt.

Er schläft und wacht wieder auf.

Es ist immer noch nicht dunkel.

Maiermann hat jetzt seine sechste Stunde Arrest hinter sich.

Der Beamte bringt Brot und etwas zu trinken.

Ist was? fragt er.

Er schüttelt den Kopf.

Euch soll einer beikommen, sagt der Beamte und schließt zwischen Maiermann und sich Gitter und Tür gründlich ab.

Der Beamte hat Feierabend.

Maiermann stellt fest, daß noch immer nichts in ihm passiert ist. Dafür wird es endlich dunkel.

Am Morgen wiederholt sich das Wenige hundertfach, und am dritten Tag findet Maiermann im Hofgang, dem warmen Essen und einem ausgiebigen Stuhlgang, den er zum Spaß hinauszuzögern weiß, Abwechslung.

Schon am Nachmittag beginnt er auf die Matratze hinter dem Gitter zu stieren.

Ihm fällt jetzt allerhand ein. Aber so richtig passieren wird sicherlich erst etwas in ihm, wenn er auf dem Ding da liegt, das weiß er.

Ein paar Stunden später ist es so weit. Maiermann liegt auf dem Bauch, die Arme über dem Kopf ausgestreckt. Der modrig süßsäuerliche Geruch des ungelüfteten Polsters stört ihn nicht.

Was kümmert ihn, wer vor ihm auf dem Ding gelegen, hineingeheult, gekotzt oder gepißt hat.

Für Maiermann bedeutet die Matratze ein Boot, auf dem er in seine Gedankenwelt segelt.

Maiermann findet auf Anhieb keinen rechten Anhaltspunkt. Weil er Zeit hat, fängt er ganz von vorne an. Er hüpft von einem Jahr in das andere, immer auf der Suche nach etwas Angenehmem, etwas, an das es sich gut erinnern läßt. Nichts?

Maiermann wird unruhig. Wenn in ihm nichts passiert, wird er durchdrehen. Er macht die Augen auf und sieht im dämmrigen Schimmer die Käfigstäbe. Jetzt nimmt er auch den süßsauren Gestank der Matratze wahr.

Er legt sich auf den Rücken.

Seine Kindheit gibt er bald auf. Da ist nichts zu finden, an das es sich lohnt zu denken.

Mädchen? Maiermann seufzt.

Er wüßte gern, wie viele er hintereinander schaffen würde. In jedem Falle mehr als Zopper.

Sein Glied wird steif. Er umfaßt es mit Stolz. Sein Schwanz ist das einzige, auf das er sich verlassen kann.

Er dreht sich um, umklammert das modrige Stück Polster, stößt hinein, immer wieder, gibt nicht auf, weiß, daß etwas passieren wird, grunzt, sieht gespreizte Mädchenbeine und schießt mit lautem Schrei seinen Samen auf die Matratze hin. Dann sackt er zusammen.

Längst ist ihm klar, daß er sich etwas vorgemacht hat. So einfach ist die Sache nicht, schon lange nicht mit und auf einer Matratze. Er spürt, wie es in ihm würgt . . . Das ist genau das, was ihm nicht passieren darf.

Sein Atem geht schnell. Er liegt wieder auf dem Rücken, die Hände zu Fäusten verkrampft.

Er denkt.

Er öffnet die Augen und sieht etwas. Verschwommen im Nachtlicht, vielleicht auch durch die Feuchtigkeit zwischen seinen Wimpern, erkennt er im Deckengemäuer den Umriß eines Maschinengewehres. Wie ein Kronleuchter hängt das Ding über ihm.

Schwarz, glänzend, das Magazin voll.

Er braucht nur zuzupacken.

Maiermann jauchzt. Endlich ist etwas in ihm passiert. Jetzt wird es rund gehen.

Zwei, drei Schüsse – Tür und Schlösser fliegen auf.

Der Beamte hat das MG im Kreuz.

Zopper kommt mit, hat auch so ein Ding in den Händen.

In der Zentrale legen sie beide die Beamten reihenweise um und häufen sie übereinander. Rotes, warmes Blut fließt aus ihren Leibern.

Maiermann und Zopper verteilen Gewehre an alle Gefangenen.

Maiermann hat das Wort.

Seine Befehle sind richtig. Die Gefangenen halten zusammen. Die Bullen haben Angst. Vor dem Knast stehen Leute und brüllen in Sprechchören, daß Maiermann kommt.

Jetzt geht die Sache erst richtig los.

Maiermann beschränkt sich auf Pistolen, schießt aus der Hüfte.

Zopper chauffiert ihn im schlohweißen Mercedes durch die Stadt. Die Leute bleiben stehen.

Dort fährt Maiermann, sagen sie und ziehen die Hüte. Die Frauen laufen in die Häuser, die Mädchen kreischen verzückt und werfen sich vor die Räder.

Maiermann wirft Zopper die Pistolen zu. Er hat es nicht mehr nötig, zu schießen.

Zopper läßt die Waffen verstauen, denn man kann nie wissen. Maiermann macht es im Grunde viel mehr Spaß, wenn die Leute klatschen.

Er verschenkt die Häuser der Reichen an die Armen und wird ungeheuer beliebt.

Wer sich beschwert, wird von Zopper und Konsorten abgeknallt.

Im allgemeinen aber möchte Maiermann wirklich ohne Schießerei auskommen. Am Sonntag dürfen nur Jugendliche auf die Straßen. Alles was über Dreißig ist, muß zu Hause bleiben.

Auf den Plätzen der Stadt läßt Maiermann berühmte Bands spielen. Überall ist Musik.

Wer will, kann Shit rauchen.

Maiermann singt ein Lied vom Tod.

Die Mädchen kreischen noch lauter als zuvor, einige werden ohnmächtig, und zum Schluß gibt es durch das Gedränge um Maiermann mehrere Schwerverletzte.

Ich möchte an deiner Seite kämpfen, sagt Jane Fonda zu Maiermann. Sie ziehen beide die gleiche Uniform an und tanzen im Eisstadion vor zehntausend Zuschauern.

Maiermann überlegt jetzt, ob er Zopper entlassen soll, da er die Sache mit Jane Fonda auch allein schafft.

Am nächsten Morgen nimmt Maiermann nur Flüssigkeit zu sich. Das Brot läßt er liegen. Er ist voll auf seinem Jane-Fonda-Trip.

Der Beamte will Maiermann etwas Gutes tun und bietet ihm eine Zigarette an.

Wenn du nicht abhaust, brüllt Maiermann darauf, laß ich dich von Zopper umlegen.

Der Beamte verläßt murrend die Zelle.

Wie soll man denen bloß beikommen!

Maiermann hingegen entschließt sich dazu, Zopper nicht zu entlassen. Im Gegenteil, er befiehlt ihm, eine Leibgarde aufzustellen, die Tag und Nacht vor seiner und Jane Fondas Tür Wache schiebt.

Eine Woche später steigt Maiermann noch dünner und mit mehliger Gesichtsfarbe aus dem Keller. Seine Bewegungen sind fahrig, und seine Augen haben einen besonderen Glanz. Zopper findet, daß Maiermann irgendwie komisch aussieht.

Na, Maiermann, sagt der Dienstaufsichtsleiter, haben

Sie sich im Arrest mal Gedanken über Ihr Verhalten gemacht?

Was für ein Verhalten? fragt Maiermann verwirrt und überlegt, ob er vielleicht von Jane etwas ausgequatscht hat oder von der Zeit, wo er am Drücker war.

Mann, sagt der Beamte, wenn ich daran denke, was Sie da mit dem Weckel gemacht haben, ist zehn Tage Arrest viel zu wenig für Sie!

Ach so, der Weckel, sagt Maiermann immer noch fahrig, an den hab ich gar nicht gedacht!

Nicht gedacht? Der Beamte starrt Maiermann fassungslos an.

Nein, sagt der ganz ohne Spott in der Stimme, ich hab dazu keine Zeit gehabt!

Anmerkungen

Die Erzählungen wurden in den Jahren 1968–1978 geschrieben. Der Text »Assoziationen zu der Fluchtszene in ›Hermann und Dorothea‹« erschien zuerst in der Anthologie »Aufschlüsse. Begegnungen Darmstädter Autoren«, hrsg. von Fritz Deppert und Wolfgang Weyrauch, Anrich Verlag. Die Erzählung »Die Klecksschnitte« wurde in dem Band »Männerleben. 23 Autoren erzählen«, hrsg. von Cordelia Schmidt-Hellerau, Beltz Verlag, Weinheim und Basel, 1978 zuerst veröffentlicht. »Der gute Tag« wurde »Weckels Angst«, Piper Verlag, München 1986 (Serie Piper 88) entnommen.

Worterklärungen

Camión	Lastwagen
Campesino	Landarbeiter
Chicha	Maisbier
Cooperativa	Genossenschaft
Fiesta	Fest
Finca	Landgut
Flota	Bus
Gringo	Weißer
Quinna	Pottasche
Reunión	Versammlung
Salud	Prost
Tienda	Kaufladen
Voluntario Alemán	deutscher Entwicklungshelfer

Inhalt

Blumen für Magritte 5

Und mit ihm Frau Zerr 31

Die Wachträume des Herrn Leopold Zündel 39

Das Dach überm Wasser 53

Familienglück 59

Polizeibericht 63

El Lequicheri 69

Assoziationen zu der Fluchtszene aus »Hermann
und Dorothea« 93

Gotthilf, dem Maleck über den Kopf wuchs 101

Die Klecksschnitte 125

Der gute Tag 139

Anmerkungen 151

Worterklärungen 153

HEYNE BÜCHER

Große Romane

John le Carré
Eine kleine Stadt in Deutschland
Roman

01/8155

STEPHEN KING
Das Monstrum
»Tommyknockers«
Roman

01/7995

Der amerikanische Bestsellerautor Nr. 1
ROBERT LUDLUM
Der Ikarus Plan ROMAN

01/8082

JOHN KNITTEL
Jean Michel
ROMAN

01/7910

DER WELTBESTSELLER
ÜBER 50 MILLIONEN VERKAUFT
LEON URIS
EXODUS
ROMAN

01/7735

MARIO PUZO
Narren sterben
Roman

01/7781

Susan Howatch
DIE HERREN AUF CASHELMARA
Roman

01/7908

Utta Danella
Die Unbesiegte
Roman

01/7890

Pearl S. Buck
Der Weg ins Licht
Roman

01/7851

großer Autoren

Leonie Ossowski
Wolfsbeeren
Roman

Erstmals im Taschenbuch

01/8037

Jean M. Auel
Mammut-Jäger
Roman

01/7730

MARY HIGGINS CLARK
Das Anastasia-Syndrom
Roman

DAS TASCHEN BUCH DES MONATS

01/8141

KONSALIK
Der Arzt von Stalingrad
Roman

01/7917

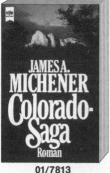

JAMES A. MICHENER
Colorado-Saga
Roman

01/7813

GWEN BRISTOW
Kalifornische Sinfonie
Roman

01/8044

JOHANNES MARIO SIMMEL
Ich gestehe alles
Roman

01/7897

Michael BURK
Das Spiel gehört zum Leben
Roman

01/8057

Doris Lessing
Das fünfte Kind
Roman ■

DAS TASCHEN BUCH DES MONATS

01/8126

Raymond Carver

Kathedrale

Erzählungen.
Aus dem Amerikanischen von Klaus Hoffer.
253 Seiten. Geb.

»Was Carver zu erzählen weiß, läuft neben, unter, hinter der vordergründigen,
zunächst alle Aufmerksamkeit beanspruchenden Geschichte. Nicht der Unfall,
der Tod des Kindes und die vergessene Torte sind wichtig: das gemeinsame
Brotessen hebt die Katastrophen auf und ermöglicht, wie nebenbei, ein neues
Gleichgewicht des Überlebens.« Frankfurter Allgemeine Zeitung

Wovon wir reden, wenn wir von Liebe reden

14 Erzählungen.
Aus dem Amerikanischen von Klaus Hoffer.
192 Seiten. Geb.

Carvers Erzählungen sind Geschichten ohne Hoffnung und ohne Verzweiflung, die
die beschnittene Wirklichkeit sichtbar machen wollen, wenn sie sie schon nicht
heilen können. Ihre Magie gewinnen sie aus dem, was sie aussparen. Indem Carver
hinter der Banalität die fundamentale Einsamkeit dieser Menschen aufscheinen läßt,
gibt er ihnen die Würde zurück, die sie sich selbst versagen – und darin liegt im
besonderen das Eindrucksvolle seiner Erzählkunst.

»Carvers außerordentliche Begabung besteht darin, mit einem Minimum an Sätzen
eine Situation zu umreißen, Atmosphäre zu schaffen, Menschen sichtbar zu machen
und ihre mehr oder weniger verkümmerten Empfindungen, vor allem ihre Sprach-
losigkeit, deren Defizite durch gesellschaftliche Rituale kompensiert werden.«
Frankfurter Rundschau

»Es ist Raymond Carver unvergleichlich gelungen, Einsamkeit, Beschädigung und
Glücksmomente seiner Figuren darzustellen, das Rätselhafte und Unheimliche
ihres – und nicht nur ihres – Lebens hinter der Lakonie und dem Schweigen in diesen
Texten sichtbar zu machen. Carver ist bei uns immer noch zu entdecken. Und wer
sich den besprochenen Erzählungsband vornehmen will, sollte sich den Band
»Kathedrale« von 1985 gleich dazu besorgen. Er ist genauso gut.« Radio Bremen

PIPER

Leonie Ossowski

Leonie Ossowski ist eine der meistgelesenen, literarisch herausragenden deutschen Erzählerinnen.

Mit dem großen
Unterhaltungsroman
„Wolfsbeeren"
schrieb die Autorin
zugleich ein
Kapitel deutscher
Vergangenheit: die
Geschichte einer
Familie in Schlesien
von 1918 bis zum
großen Treck nach
Westen im Winter
1945.

Leonie Ossowski:
Wolfsbeeren
Roman – 01/8037

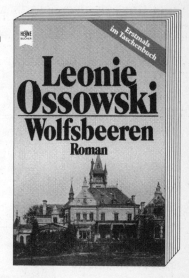

Wilhelm Heyne Verlag München

Leonie Ossowski

Die Autorin, die neben anderen literarischen Aus-
zeichnungen für ihr Gesamtwerk mit dem Schiller-
Preis geehrt wurde, ist eine der herausragenden
deutschen Erzählerinnen der Gegenwart.
In dem Roman „Stern ohne Himmel" entdecken Kinder in den letzten Kriegstagen ein Nahrungsmittel-
depot. Doch sie sind nicht die einzigen. Ein anderer

kommt ebenfalls
hinter das
Geheimnis –
Abiran, ein jüdi-
scher Junge, der
aus dem Konzen-
trationslager
entflohen ist…

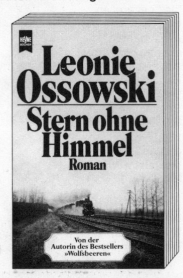

Leonie Ossowski:
Stern ohne Himmel
Roman – 01/7817

Wilhelm Heyne Verlag München